LUCA BORSANI E LUCIO MARIANI

PATTO DI FAMIGLIA

Come Avviare Un Passaggio Generazionale Senza Problemi, Risparmiando Tasse e Mantenendo Il Controllo Della Tua Azienda

Titolo

"PATTO DI FAMIGLIA"

Autore

Luca Borsani e Lucio Mariani

Editore

Bruno Editore

Sito internet

http://www.brunoeditore.it

Sommario

Prefazione
(a cura di Mirco Gasparotto)

Devo dire che ho accettato molto volentieri la richiesta degli autori di fare la prefazione di questo libro perché ho potuto conoscerli, ho potuto avere rapporti professionali con l'avv. Borsani sia nelle aziende del mio gruppo che in varie aziende di OSA Community di cui sono fondatore.

Quelli trattati nel libro sono argomenti della massima strategicità: tutti gli imprenditori dovrebbero leggere questo libro perché sono contenute delle informazioni che sono come lampadine che si accendono nella testa di ognuno di noi. Anche se uno pensa di non avere oggi il problema del passaggio generazionale, un domani inevitabilmente potrebbe averlo. Una volta emerso il problema è poi troppo tardi.

Leggere il libro vuol dire avere informazioni in anticipo, al momento giusto e dalla fonte giusta. Una fonte preparata, una fonte professionalmente testata che ti dà tutte le opzioni possibili e immaginabili.

I temi delicati della famiglia e del rapporto tra famiglia e impresa sono temi ormai noti in tutta Italia. Peccato però che la dimensione delle aziende italiane fa sì che questo problema si complichi quando poi i vari rami delle famiglie non siano più tanto d'accordo. Gli autori sviscerano questo tipo di problematiche ed offrono strumenti assolutamente concreti.

Il libro è molto efficace al punto che potrebbe anche essere considerato come il manuale a cui ogni imprenditore dovrebbe affidarsi nelle relazioni fra i soci. Questo è veramente importante perché effettivamente non si è mai preparati abbastanza.

Ricordatevi che tutto ciò che non succede in una vita, in 10 anni, in 20 o 30 anni può accadere in un giorno. Se questo succede, è sempre meglio prevenire piuttosto che curare. Dovete prevenire con i professionisti giusti. Questa è un'altra delle caratteristiche che noi di OSA Community predichiamo e cerchiamo di instillare nella mente dell'imprenditore.

Affidatevi a chi queste cose le fa, le gestisce e padroneggia tutti i giorni. Gli autori trattano questi argomenti con una precisione, un distacco e una professionalità veramente notevoli.

Vi auguro una buona lettura e sicuramente non vi pentirete di arrivare fino in fondo. Un ultimo consiglio? Prendete appunti su tutte le cose che vi interessano.

Mirco Gasparotto

Introduzione

Questo libro ti farà capire in brevissimo tempo argomenti che gli altri imprenditori nemmeno conoscono. Ti renderà consapevole di quello che puoi fare nel tuo futuro ed essere padrone delle tue scelte.

Non avrai scuse, inizierai subito a mettere in pratica quello che avrai imparato. Sì, hai capito bene. Qui non si fa teoria inutile, ce n'è già fin troppa in Italia. Qui abbiamo raccolto per te pure indicazioni pratiche, sintetiche e chiare, che ti permettono di avere un quadro preciso delle soluzioni.

Se hai iniziato a leggerlo perché ci conosci, oppure perché ci hai seguito in una delle nostre conferenze, già saprai il valore dei contenuti che troverai al suo interno. Abbiamo risolto brillantemente centinaia di passaggi generazionali d'impresa e conosciamo a fondo tutte le implicazioni giuridiche e finanziare che ti circondano.

Sei probabilmente interessato al mondo del passaggio generazionale d'impresa, oppure stai vivendo proprio tu, sulla tua pelle, questo delicato momento. Se invece stai leggendo solo per curiosità, dovresti affrontare questo libro ancora con più attenzione, perché ti svelerà un mondo che non conosci e da cui potrai prendere spunti fondamentali per il successo della tua impresa.

Iniziare a leggere questo libro è la cosa più giusta che puoi fare, soprattutto perché hai l'occasione di apprendere i segreti che abbiamo elaborato in anni di professione. Non avrai molte altre occasioni di trovarti di fronte a un testo di pura conoscenza pratica, scritto da tecnici della materia, che ti possa guidare con successo a raggiungere i tuoi desideri.

Hai in mano il libro giusto. Ora puoi posare tutti gli altri e leggerlo con attenzione, perché ti sveleremo concetti di grande valore. Possiamo farlo, e ne siamo sicuri, perché fino ad ora non c'erano libri che spiegassero questi concetti in modo semplice e diretto.

Devi sempre circondarti dei professionisti più bravi in questo campo, non puoi perdere tempo. I soldi sono tuoi, sia che tu li guadagni sia che tu li perda, ricordalo bene: affidarti a persone mediocri ti fa perdere denaro.

Devi sapere che la tua più grande libertà non è quella di affidarti ciecamente ad altre persone per tutte le tue esigenze, ma è quella di scegliere le persone giuste per risolvere i tuoi bisogni. Anche se tu fossi la persona più potente del mondo, dovresti essere sempre padrone delle tue scelte. Non puoi fare tutto da solo, ovvio, ma devi conoscere cosa stai delegando in ogni momento della tua attività.

Aiutiamo imprenditori di tutta Italia a superare lo scoglio del passaggio generazionale e abbiamo creato un team di persone per questo. I nostri risultati sono stati raggiunti con anni di studio e applicazione pratica. Abbiamo oramai una vasta casistica tale da potere conoscere alla perfezione ogni desiderio dell'imprenditore. La nostra realtà è formata da avvocati, dottori commercialisti, consulenti del lavoro, consulenti di strategia d'azienda. Se non lo hai già fatto, prenota un appuntamento su https://pattodifamiglia.net/acquisto-consulenza per avere una consulenza personalizzata.

Quotidianamente teniamo relazioni con imprenditori da tutte le regioni italiane, che ci hanno conosciuto per gli efficaci risultati ottenuti in tema di passaggio generazionale.

Riceviamo imprenditori che partecipano alle nostre conferenze, leggono online i nostri interventi, i nostri libri, i nostri articoli sui giornali perchè vedono che divulghiamo la cultura pratica del passaggio generazionale.

Il nostro studio si basa sul concetto che solo se conosci cosa puoi fare, potrai scegliere come risolverlo. Proprio per questo te lo vogliamo spiegare. A breve, avrai bene imparato tutto questo.

Con questo libro hai un'opportunità che gli altri imprenditori nemmeno immaginano. Il tuo livello di consapevolezza sul passaggio generazionale crescerà in modo esponenziale. Ricorda che in Italia, il 70% delle imprese fino a 50 milioni (poco meno le altre) è gestito a livello familiare. Il 40% arriva alla seconda generazione e solo il 17% alla terza.

Questa è la realtà. Sai perché? Perché solo pochi, come te in questo preciso istante, hanno deciso di programmare il passaggio generazionale. Pensa alla faccia dei tuoi concorrenti, indaffarati tutti i giorni a gestire i malumori del passaggio generazionale, quando sapranno che tu hai superato il problema e hai brillantemente gestito la tua impresa senza perdere tempo, in modo vincente. Magari guadagnando pure una rendita vitalizia e trovando il tempo per andare in vacanza quando lo desideri. No, non è utopia, se leggi le pagine che seguono lo vedrai.

Lavorando tutti i giorni con gli imprenditori ci siamo resi conto che un interrogativo che prima o poi tutti quanti si pongono è quello del passaggio generazionale della propria impresa. Spesso gli imprenditori si pongono questo problema troppo tardi. Molti hanno in mente che il passaggio generazionale sia solo un momento, di durata indefinita, in cui l'impresa passa di padre in figlio. Si sbagliano.

Infatti, come sai bene, dietro a questa idea banale ci sono spesso fallimenti, liti in famiglia, telefonate tra figli e genitori in cui i fratelli diventano nemici, silenzi a cena, voglia di dire qualcosa ma non poterlo fare per rispetto dei propri genitori. Gli altri hanno una visione spesso sbagliata di questo processo, perché si è diffusa l'idea che tutti quanto debbano avere problemi. Questo li fa sbagliare, non li fa ragionare, li porta a non agire mai. Questo è il loro più grande errore. Purtroppo non sanno nemmeno di cosa stanno parlando.

A tutto ciò si somma il fatto che l'imprenditore non sa veramente come si realizzi questo passaggio e pensa che basti affidarsi al destino, alla corrente, al testamento, perché tutto si risolva. No, non è così. Per farti un esempio, immagina di avere la tosse: cosa fai? Vai a correre facendo finta di non avere niente? Non crediamo proprio, perché non vorrai peggiorare la tua salute. Dovrai andare dal medico e prendere una medicina, che sarà più forte quanto più il problema sarà serio. Lo stesso vale per il passaggio generazionale. Non puoi fare finta di nulla e lasciare che i fatti facciano il loro corso. Tu devi guidare i fatti, devi potere ottenere quello che vuoi realizzare.

Quasi sempre ti affidi a degli "esperti". Quando lo fai, potremmo dire che hai fatto un passo in avanti, per carità, in quanto è meglio rivolgersi a chi sa le cose rispetto a chi non le sa. Ma sei sicuro che sia un bene per te? Come puoi sapere che stai parlando con degli "esperti" se tu stesso non conosci nemmeno quello di cui hai bisogno? Te lo sei mai chiesto? Ti potrebbero raccontare quello che vogliono e non ti accorgeresti nemmeno se sono frottole.

Certo, non ti stiamo dicendo che devi cambiare lavoro e metterti a fare il nostro, ma riteniamo che sia giusto che tu conosca cosa significhi parlare di passaggio generazionale e che tu conosca almeno uno degli strumenti con cui si realizza. Solo così sarai libero di scegliere, libero di valutare se colui con il quale ti interfacci è un vero e proprio esperto o meno.

Non devi fare guidare le tue scelte dagli altri. Tu per primo devi volerti bene e conoscere, almeno a grandi linee, gli argomenti. Questo ti aiuterà a scegliere in mezzo alla giungla di offerte, consulenze e pubblicità varie che trovi in internet e fuori da internet. Puoi prenotare una consulenza personalizzata su https://pattodifamiglia.net/acquisto-consulenza

Non esisteva, prima di questo, un libro che spiegasse in termini semplici e concreti cosa gli imprenditori possono fare, passo dopo passo, per organizzare il loro passaggio generazionale. Questo libro nasce dal suggerimento di un imprenditore. Costui dopo avere assistito ad una nostra conferenza, lo scorso anno, in una bellissima località di montagna del nostro Paese, ci ha detto: «Dovreste proprio scrivere un libro, dovete farlo perché non tutti possono sapere che ci sono queste conferenze».

Certo, eravamo a conoscenza di quanto fosse importante spiegare in termini semplici e concreti una materia complessa proprio a tutti, ma non al punto che i nostri spettatori ci consigliassero di scrivere un libro! Abbiamo così deciso di redigere questo vero e proprio manuale pratico. Si tratta di un'opera che attraverso molti esempi – e soprattutto scritta appositamente con un linguaggio molto chiaro e concreto – ti farà comprendere prima di tutto cosa si intende per passaggio generazionale.

In secondo luogo, ti permetterà, fin dal primo giorno, di cominciare a strutturare il tuo, se ne hai bisogno. Ti parlerà di uno strumento secondo noi formidabile che si chiama Patto di Famiglia, che è proprio pensato per questi momenti. L'obiettivo è quello di diffondere cultura di impresa, purtroppo molto carente nel nostro

Paese. Quante volte infatti abbiamo l'impressione che molte leggi, molte decisioni di chi ci governa, siano prese come se non si conoscesse nemmeno un minimo cosa accade nelle società, nelle aziende, negli studi professionali, tra i piccoli artigiani?

Purtroppo il modo in cui sono scritte molte leggi è tutto tranne che semplice, sembra quasi che si voglia evitare di far capire il loro contenuto. Ecco perché, probabilmente, appena l'imprenditore inizia a leggere una norma, ha un senso di vera e propria nausea: numerosi rimandi, citazioni di articoli, commi, capi, *bis, ter, quinquies.* Sappiamo bene cosa provi. Nello stesso tempo, però, tu devi conoscere cosa puoi fare nella tua vita imprenditoriale.

Vogliamo che questo manuale ti possa permettere di dire di essere un esperto del passaggio generazionale, del Patto di Famiglia. Lo sarai, non ti preoccupare. Fin dalle prime pagine, sarai di sicuro molto più competente degli altri imprenditori che conosci.

Ma soprattutto potrai avere tu stesso una guida, un punto di riferimento per le tue decisioni e, come ti abbiamo anticipato, potrai tu stesso impostare il tuo passaggio generazionale, o quello di un tuo caro, presentandoti dal tuo consulente con le idee ben chiare.

Devi leggere le pagine che seguono pensando che in ognuna di esse c'è un pezzetto di uno dei casi che abbiamo seguito, di uno dei clienti che ci hanno raccontato la loro storia e a cui abbiamo cambiato la vita.

Diventare un team di oltre 20 persone dedicato all'imprenditore, con oltre 400 imprese gestite ogni anno, non è certo una cosa che si può improvvisare. È frutto del costante studio che comincia tra i banchi dell'università, in una città poliedrica come Milano. Alla Statale Luca, alla Cattolica Lucio, in anni differenti, e in facoltà differenti (uno in Giurisprudenza, l'altro in Economia e Commercio).

Poi Lucio, da sempre interessato alla pianificazione, all'efficientamento gestionale e fiscale delle imprese, dopo essere diventato dottore commercialista, guida e rivoluziona lo studio professionale del padre, organizzandolo secondo metodi efficienti e imprenditoriali. Luca nel frattempo frequenta gli studi universitari e supera l'esame di avvocato, poi segue corsi di specializzazione in diritto societario, studia per altri anni a Napoli, nelle migliori scuole di notariato, completa gli studi con un dottorato in gestione d'impresa e poi fonda un proprio studio legale. Sembrano storie di imprenditori, più che di professionisti. Questo è il secondo libro che scriviamo congiuntamente, oltre a quelli che Luca ha scritto come autore in ambito di diritto.

Ci siamo incontrati per la prima volta durante l'organizzazione di una raccolta fondi per un progetto di lotta alle malattie dei bambini, grazie ad amici comuni, senza conoscerci reciprocamente e siamo diventati, a nostra volta, amici. Da qui l'idea della fusione delle due realtà professionali mettendo a frutto competenze che si uniscono alla perfezione. Nasce così un team che si specializza nel passaggio generazionale delle imprese, che decide di fare convegni per portare queste conoscenze a una platea sempre più vasta di persone. Entriamo a fare parte di OSA Community, una grande realtà imprenditoriale italiana d'eccellenza.

Gli imprenditori sono da subito molto interessati e ci ringraziano per aver portato loro sicurezza. Iniziano da qui le prime richieste di interviste alla radio e alla televisione. Questa è la nostra *mission*: vogliamo rendere gli imprenditori consapevoli dei loro strumenti e delle loro possibilità. Vogliamo essere utili per trasformare gli imprenditori in persone preparate che sanno quello che vogliono.

Oggi chiunque può accedere immediatamente a una miriade di informazioni, ti basta digitare su internet una domanda e troverai di sicuro una risposta. Ti manca però il senso complessivo, ti manca il saper collocare questa risposta in modo ben organizzato nella tua attività.

Questo libro farà proprio questo, servirà a spiegarti in modo semplice quello che puoi raggiungere con lo strumento del Patto di Famiglia. Se non conosci quello che otterrai e tutti i vantaggi che potrai raggiungere, non sarai incentivato a perseguire questa strada.

Da qui in avanti non hai scuse, non potrai dire di non conoscere l'argomento. Ti consigliamo di leggere questo libro nell'ordine in cui leggi i singoli capitoli, almeno la prima volta. Poi potrai tenerlo come manuale personale da consultare ogniqualvolta tu ne abbia bisogno, rileggendo i singoli paragrafi che ti interessano. Se hai bisogno di chiarimenti, potrai prenotare una consulenza personalizzata su https://pattodifamiglia.net/acquisto-consulenza

La prima parte del libro è subito dedicata a tutti i vantaggi che potrai ottenere con l'utilizzo dello strumento del Patto di Famiglia. È un vero e proprio elenco di opportunità che farebbero invidia a chiunque, dal risparmio di tasse e imposte, alla serenità della tua vita, alla rendita vitalizia che ne potrai ricavare, alla gioia di dedicare del tempo solo ed esclusivamente a te stesso, pur mantenendo ancora il controllo dell'impresa.

Poi, vedrai se hai le qualità e le caratteristiche per potere strutturare un Patto di Famiglia, capirai così chi sono (veramente) i legittimari, imparerai come leggere lo statuto della tua impresa (cosa che nessuno fa) e, proseguendo, vedrai che cosa puoi trasferire a titolo di Patto di Famiglia. Imparerai le differenze tra il Patto di Famiglia e altri strumenti di cui senti spesso parlare, quali il testamento, il trust e la donazione. Imparerai a districarti tra tutti questi concetti in modo semplice e immediato. Capirai che è uno strumento che si rivolge a tutte le imprese, dalla piccola impresa individuale alla grande società.

Imparerai poi a valutare la tua azienda, a sapere come si determina il suo vero valore. Già dal momento stesso in cui leggerai il capitolo, potrai valutarla. Ci addentreremo, infine, nella parte più tecnica, che ti mostrerà come si redige un Patto di Famiglia, chi deve partecipare, come si possono liquidare coloro che non vuoi rendere parte della tua impresa e come scegliere, così, gli eredi migliori per continuare la tua attività. Imparerai passo dopo passo come poterlo mettere in pratica.

A questo punto, prima di iniziare a leggere, ricorda che per mettere in pratica quello che leggerai devi prenderti un momento solo per te. Il Patto di Famiglia ti cambierà la vita in meglio, ti renderà più sereno, avrai più tempo libero.

Non sarai oberato dal pensiero del passaggio generazionale e avrai più tempo per te stesso. Il momento giusto in cui pensare a come vuoi procedere decidilo tu, ma deve essere quotidiano. Dovrai dedicare alcuni giorni a focalizzarti sull'obiettivo che vuoi raggiungere.

Non so tu, ma molti dei nostri imprenditori hanno come obiettivo quello di rendere felici i loro figli e prendersi del tempo per sé stessi, il tutto nella sicurezza di avere una rendita costante e di mantenere il controllo dell'impresa. Anche per te, forse, questo può essere un buon obiettivo.

Per pensare a cosa vogliamo raggiungere, noi preferiamo le prime ore del mattino, nel momento in cui non siamo disturbati da nulla. Ecco, non accendere il cellulare e pianifica il tuo passaggio generazionale come se fosse una strategia di impresa. Questo libro ti darà tutti gli strumenti e non ti resterà che mettere in pratica il tuo piano sulla base di quello che avrai imparato.

Abbiamo scritto cercando di riportarti il contenuto senza citare fonti normative, pensando ad un lettore non professionista del settore, andando subito all'essenziale per renderti più semplice la lettura, senza commenti. Ricorda che dietro ogni frase, dietro ogni concetto, ci sono centinaia di opinioni di studiosi, a volte anche contrastanti. Abbiamo selezionato quelle in cui crediamo e che ci impegniamo a difendere.

Infine, prima di iniziare, ricorda bene queste parole: «La tua libertà è sapere cosa puoi scegliere». Tu, a breve, lo saprai.

Capitolo 1:
Come favorire il passaggio generazionale

Cosa vorrebbero tutti gli imprenditori

Probabilmente conosci solo qualcosa, ma non abbastanza del Patto di Famiglia. Sai che si tratta di uno strumento per il passaggio generazionale delle imprese e che, per via dei suoi innumerevoli vantaggi, sta prendendo sempre più piede nel nostro Paese.

Il passaggio generazionale altro non è che un processo, di cui oggi si sente tanto parlare, grazie al quale l'impresa passa letteralmente di mano dall'imprenditore ai suoi discendenti. Potresti essere stato incuriosito dal titolo di questo libro credendo di potervi trovare una soluzione ai tuoi problemi, come se la parola "patto" ti ricordasse il concetto di "tregua", "pace" in famiglia.

Se sei un imprenditore e ritieni che alla tua vita manchi ancora un piccolo tassello per poterla definire completa, ti possiamo dire che i tuoi problemi nascono dal fatto che non sei ancora riuscito a realizzare tutti i tuoi sogni. Quali sono i tuoi sogni? Te lo possiamo dire con matematica certezza, perché conosciamo alla perfezione i desideri degli imprenditori, vedendoli tutti i giorni sedersi di fronte a noi.

Gli imprenditori, siano essi singoli individui o società, sono grandi lavoratori, probabilmente i più grandi lavoratori che ha il nostro Paese. Alzarsi presto al mattino, oppure lavorare fino a tardi la sera, non avere un minuto libero, essere chiamati da tante persone che ti cercano, avere dipendenti da soddisfare, conoscere le storie personali dei propri collaboratori sono tutte vicende che accomunano gli imprenditori. E cosa desiderano, alla fine, tutti quanti?

Tu hai bisogno di potere contare sui frutti del tuo lavoro, hai bisogno di avere una famiglia stabile e felice, hai bisogno di vedere i tuoi figli che non litigano, hai bisogno di non vedere distrutta la tua azienda e i frutti di tutto quello che hai prodotto. Se hai dei nipotini, ti piacerebbe tanto potere stare un po' di più con loro, senza l'affanno di dovere entrare e uscire tutti i giorni dall'azienda.

Hai il desiderio di potere dedicare più tempo a te stesso, dopo molti anni dedicati solo al lavoro. Hai bisogno di concederti una bella e rilassante vacanza. E poi vorresti concederti ancora lo sfizio di tornare in azienda e potere lavorare a piacimento, non perché devi farlo, ma solo perché quel giorno ne hai voglia, vero?

Questa è la vera libertà in fin dei conti, non trovi? Potere lavorare quando si vuole, per puro piacere, per pura voglia di dare un contributo agli altri, ma sapendo bene che non se ne ha bisogno per sopravvivere. Anzi, ti diremo di più, desideri anche che i tuoi figli, oppure i tuoi nipoti, continuino a portare avanti le attività della tua impresa e magari che la rendano ancora più bella e più florida. Che lo facciano tutti in armonia e che nelle feste ci si trovi tutti a festeggiare i risultati di una grande, unica famiglia.

Vorresti poi potere contribuire a dare indicazioni preziose ai tuoi discendenti, che ti devono considerare come una persona saggia e che in quel settore è il punto di riferimento per tutti loro. Per questo ti piacerebbe anche avere ancora degli utili economici, perché non si sa mai cosa potrà accadere. D'altronde, sai bene che tali utili altro non sono che il frutto dei tuoi tanti meriti. Tutto questo non è un sogno, ma la pura realtà di tanti che, come te, hanno voluto stipulare un Patto di Famiglia come metodo per affrontare il passaggio generazionale.

Ora vedremo punto per punto i 13 vantaggi concreti che potrai ottenere; preparati a impararli uno per uno. Sul sito https://pattodifamiglia.net/acquisto-consulenza potrai prenotare la tua consulenza personalizzata.

I 13 vantaggi del Patto di Famiglia

Il passaggio generazionale di un'impresa si può realizzare con diversi strumenti, lo sappiamo bene. Quello che stiamo per descriverti in questo libro è senza dubbio il più importante e quello con i vantaggi più numerosi.

Ora vedrai una serie di vantaggi che il Patto di Famiglia ti permetterà di realizzare. Si tratta di vantaggi testati sul campo, cioè verificati in casi pratici e concreti. Non abbiamo messo i nomi degli imprenditori coinvolti nei vari esempi solo per una questione di privacy.

Armonia in famiglia, soddisfare tutti i figli
Sai bene cosa si intende con "armonia in famiglia", avrai sentito certamente parlare di tanti imprenditori che da anni non parlano con i figli, semplicemente perché hanno visioni totalmente opposte su come condurre l'impresa.

Non solo, probabilmente conosci qualche fratello in lite con i propri familiari per via del fatto che ad altri fratelli è stato lasciato in eredità più di quanto spettasse loro. Magari costui si lamenta di avere lavorato più degli altri in azienda, di avere aiutato di più i genitori mentre gli altri fratelli pensavano solo a chiedere e a sfruttare il patrimonio di famiglia, di avere ricevuto già tante donazioni dai genitori: la casa, i soldi, le quote della società. Proprio per questo da anni i fratelli non si parlano.

Alla morte dei genitori, questi fratelli delusi iniziano una dura battaglia legale, sostenendo di essere stati danneggiati nella loro quota di legittima. Sono vicende molto comuni, che toccano purtroppo tutte le famiglie. Si suol dire, così, che i soldi hanno rovinato l'amore tra i fratelli.

Ma sarà proprio vero? No, te lo possiamo assicurare. I problemi nascono solo dal fatto che questa famiglia non ha pensato per tempo a gestire in modo corretto il passaggio generazionale dell'impresa.

Il Patto di Famiglia impedisce queste liti e garantisce che solo alcuni dei discendenti, quelli più interessati, possano continuare a gestire l'impresa. Gli altri discendenti saranno liquidati e saranno, a loro volta, soddisfatti, ma non potranno mai e poi mai in futuro mettere a repentaglio l'armonia della famiglia (salvo alcune, rare ipotesi). Il Patto, dunque, garantisce totale serenità da vertenze giudiziali, portando armonia nella famiglia.

Rispettare le aspirazioni dei figli e degli altri discendenti
Non tutti i figli e i nipoti sono uguali, lo sai bene. Alcuni hanno attitudine a lavorare in azienda, altri invece hanno altri interessi. C'è chi ama viaggiare, chi ha interessi più artistici; insomma, ciascuno è fatto a modo suo.

Ti faccio l'esempio della famiglia di Antonella e Marco, imprenditori nel settore della meccanica. Costoro hanno 4 figli, di cui 2 lavorano già in azienda (una ha studiato ragioneria, l'altro è ingegnere) mentre altri due figli non hanno alcun interesse per tale attività. Questi ultimi si dedicano infatti una al volontariato (la figlia minore segue progetti in Africa, dopo avere studiato ed essersi laureata) mentre l'altra ha passione per lo sport (è nuotatrice agonista).

Come puoi comprendere, i genitori non avrebbero potuto dividere la loro azienda in 4 parti uguali per i loro figli perché, in questo modo, avrebbero costretto due figli a occuparsi di ciò di cui non erano interessati e, in secondo luogo, avrebbero messo a repentaglio l'armonia tra i fratelli.

Ecco che il Patto di Famiglia ha dato un grande aiuto alla famiglia di Marco e Antonella: ha permesso il trasferimento delle quote della società solo ai primi due figli mentre, per le due sorelle minori, si è pensato all'attribuzione di immobili di famiglia e denaro, garantendo loro, così, un futuro.

Potere continuare a lavorare nell'azienda
La vera libertà è potere fare quello che ti piace, non trovi? Per

l'imprenditore questo rappresenta il potere lavorare quando ne ha voglia, non per necessità, ma per passione. Proprio per questo non abbiamo scritto "dovere" lavorare in azienda, ma "potere". Il Patto di Famiglia permette di raggiungere questo obiettivo, prevedendo degli accordi di collaborazione che permettono all'imprenditore di continuare a dare il proprio contributo all'impresa, ma solo se e quando lo vorrà.

Avere ancora voce in azienda
Sappiamo bene che consideri l'azienda come qualcosa di tuo. Sappiamo, allo stesso modo, che lasciare all'improvviso le redini dell'impresa nelle mani dei tuoi figli o dei tuoi discendenti può essere un'emozione molto forte.

Per questo hai bisogno di mantenere ancora la possibilità di dare dei pareri, anche vincolanti. Dopotutto hai gestito per molti anni la tua attività e sai bene cosa fare quando devi prendere decisioni importanti. Per questo, nel momento in cui si struttura un Patto di Famiglia è possibile, se vuoi, lasciare a te poteri decisori vincolanti, anche in relazione ad alcuni argomenti, o materie, o valore di certi affari.

Potrebbero essere, per esempio, le decisioni di acquisto di nuovi macchinari con valore superiore a 100.000 euro, oppure le decisioni di fusione con altre società, oppure il cambiamento dell'oggetto sociale o, ancora, l'assunzione di nuovi dipendenti e collaboratori. Tutto questo, se vuoi, si può fare mediante accordi a latere in un Patto di Famiglia e ti permetterà di essere sempre la persona di riferimento per le nuove leve, soprattutto in situazioni di emergenza per l'impresa.

Conservare una rendita
Questo vantaggio è proprio fantastico. Lasciare gestire l'azienda ad altri e avere una rendita. Un sogno? No, assoluta realtà. Mediante la strutturazione corretta di un Patto di Famiglia, è possibile permettere all'imprenditore di conservare il diritto a una parte degli utili, anche senza mai più collaborare in azienda. Potrai così goderti le tue vacanze tranquillamente e sapere che, periodicamente, ti saranno accreditati degli utili societari, che per te costituiranno una vera e propria rendita.

Il nostro amico Paolo, per esempio, voleva tanto lasciare la propria azienda artigianale ai suoi 3 figli. Non voleva però essere lasciato vivere solo con la sua pensione da artigiano. Nemmeno voleva ridursi a chiedere denaro mese per mese a qualcuno dei suoi figli.

Ecco che per lui abbiamo strutturato un Patto di Famiglia che gli ha permesso di mantenere l'usufrutto su una quota delle partecipazioni. In tal modo, Paolo ottiene mese per mese non solo la sua pensione, ma anche una quota di utili della società. Una rendita, insomma, che gli permette di soddisfare tutti quegli extra quali la crociera con la moglie, la settimana bianca, i migliori ristoranti.

Evitare problemi tipici delle donazioni (azioni legali)
Capita a volte che l'imprenditore voglia procedere con un passaggio generazionale e creda che il modo migliore sia quello di procedere a effettuare donazioni ad alcuni figli o discendenti. Questo purtroppo può essere un problema, perché quello che è stato donato nel passato verrà rivalutato al momento della successione e creerà liti tra gli eredi.

Considera questo esempio. Marcella è vedova, è unica socia di una piccola società nel campo dell'abbigliamento e ha due figli. Solo il primogenito (Marco) lavora nell'azienda, mentre il minore (Fabio) si è dedicato ad altro. Dona a suo figlio minore Fabio (il suo preferito) una casa al mare di famiglia, in una località molto rinomata, il cui valore, valutato negli anni di piena speculazione immobiliare, è approssimativamente di 490.000 euro.

Dopo pochi mesi, Marcella decide di lasciare l'attività a suo figlio maggiore Marco, donandogli le quote del valore di circa 500.000 euro. Marcella è serena e ritiene di avere fatto il giusto, perché la casa al mare è in una località modaiola e il suo valore è altissimo, quasi pari a quello delle quote della piccola società.

Dopo molti anni, Marcella viene a mancare. Accade che, al momento della sua morte, si scopre che il valore della casa al mare si è ridotto moltissimo, a non più di 150.000 euro, perché ormai il turismo si è spostato altrove. La piccola società donata al figlio maggiore, invece, si è sviluppata e il valore della quota è di gran lunga moltiplicato, grazie al lavoro del primogenito Marco. Vale oggi oltre 1 milione di euro.

Il figlio minore, Fabio, ritiene di non avere avuto abbastanza dalla mamma e, bramoso di soldi, decide di fare una vera e propria guerra legale al fratello. Se il valore dell'appartamento è al di sotto del valore della legittima di Fabio (e nel nostro caso è così, non avendo Marcella altri beni, altri parenti o coniuge), costui potrà vincere la battaglia contro il fratello maggiore Marco. Inutile dire che i rapporti tra Fabio e Marco saranno irrimediabilmente distrutti e i due fratelli si odieranno a vita.

Come vedi, un gesto apparentemente buono e generoso della mamma Marcella si è trasformato in una catastrofe: la decisione di donare si è trasformata nella nascita di una lite tra i due fratelli. Sai perché si è verificato tutto questo? Perché il valore di quello che doni, al fine di evitare liti tra i tuoi eredi, non deve essere valutato nel momento in cui doni, ma nel momento in cui si aprirà la tua successione. Questo anche se il valore cambia senza la tua volontà.

Nell'esempio che ti abbiamo fatto, hai visto come sia il valore della casa sia quello dell'azienda cambiano non certo per volere della nostra Marcella, ma per cause esterne (il turismo, il mercato immobiliare e la bravura di Marco nel gestire la società). Ebbene, anche se sono cause esterne, non conta. Il valore delle donazioni, ai fini del rispetto delle quote dei legittimari (tra cui i figli, come ti spiegheremo bene nel Capitolo 2), deve essere calcolato al momento in cui si apre la successione, non certo prima.

Il Patto di Famiglia ti permette, invece, di evitare tutto questo, perché il valore delle quote oppure delle azioni o anche dei singoli beni che vengono trasferiti ai figli, al coniuge e agli altri discendenti, viene assegnato una volta per tutte da tutti coloro che partecipano al Patto di Famiglia ed è immodificabile, salvo rare eccezioni.

Ma non è finita qui. Ulteriori effetti negativi delle donazioni si chiamano obbligo di collazione e di imputazione. Devi considerarli come una sorta di obbligo, che hanno alcuni eredi, di considerare quello che ricevono come una sorta di anticipazione dell'eredità dell'imprenditore.

Anche questi problemi possono essere evitati e gestiti. Sarebbe bastato, difatti, che Marcella avesse deciso di costituire un Patto di Famiglia con cui attribuire ai figli gli stessi beni e tutto si sarebbe evitato.

Includere precedenti donazioni

A questo punto ti potrai chiedere cosa fare se hai già fatto delle donazioni, se puoi rimediare a questo errore. Ebbene sì. Difatti si ritiene ormai pacifico che, anche se hai fatto delle donazioni in precedenza, queste possano essere riqualificate all'interno di un Patto di Famiglia. Questo ti permetterà di porre rimedio al problema dei valori dei beni, che verrà stabilito una volta per tutte all'interno del Patto, senza più incertezze per il futuro.

Incentivare i figli più capaci, cristallizzare i valori

È naturale che, se non si stipula un Patto di Famiglia, i figli più capaci avranno timore a prendere le redini di un'impresa, sia essa una società oppure un'impresa individuale. Sai perché? Perché sapranno che tutti i loro sforzi per migliorare l'impresa, per renderla più competitiva e produttiva, per migliorarne il valore, la redditività, l'efficienza e l'appetibilità sul mercato andranno un giorno a vantaggio anche degli altri discendenti.

Pensiamo sempre all'esempio di prima, quello di Marcella. Se il figlio Marco avesse saputo fin dall'inizio, già al momento della donazione, che un giorno tutti i suoi sforzi per migliorare il valore dell'azienda sarebbero andati a vantaggio anche del fratello Fabio, se ne sarebbe guardato bene. Marco avrebbe molto probabilmente preferito costituire una sua impresa personale e non si sarebbe interessato dell'impresa donata dalla mamma Marcella.

Invece, con un Patto di Famiglia, Marco saprebbe fin da subito che, dal momento in cui viene stretto il Patto, tutti gli aumenti di valore dell'azienda saranno solo ed esclusivamente merito suo e a suo beneficio. Il valore dell'azienda o delle quote attribuite viene infatti cristallizzato al momento della sottoscrizione del Patto di Famiglia, senza che contino i mutamenti successivi.

Marco, insomma, saprà fin da subito che tutti i suoi sforzi non dovranno essere divisi con nessuno. Ti puoi dunque immaginare quanto impegno metterà Marco nel dare il massimo di sé per fare sviluppare l'impresa attribuitagli dalla mamma. Infatti, allo stesso modo in cui saranno propri del discendente tutti i miglioramenti dell'azienda, saranno proprie le eventuali perdite: il Patto di Famiglia è il migliore strumento per responsabilizzare figli e discendenti nella gestione di un'impresa.

Potere vedere subito i risultati concreti

Come avrai ben capito, il Patto di Famiglia ti permette di vedere subito dei risultati concreti. Pensa alla differenza rispetto al testamento. Con un testamento in cui lasci ai tuoi eredi le quote della società, non potrai mai vedere cosa accade. Non saprai mai se le tue previsioni hanno avuto successo, se le tue aspettative sono state esaudite. Senza contare poi tutti quei vantaggi, quali la rendita o il potere di controllo, di cui sicuramente non potrai godere. Il Patto di Famiglia, invece, ha effetti immediati o comunque effetti che potrai vedere e verificare personalmente.

In questo modo potrai anche predisporre sistemi di rendicontazione dei risultati. Infatti, nel Patto di Famiglia è possibile inserire accordi per un controllo dell'attività nell'impresa, che ti permetteranno di verificare giorno per giorno se il beneficiario dell'attribuzione (cioè colui al quale hai trasferito le quote o i beni dell'azienda) stia lavorando come ci si aspetterebbe.

Potere controllare i risultati. Potere tornare indietro.

Ti potrai anche chiedere, a questo punto, se si possa tornare indietro, cioè se, una volta proceduto a stipulare un Patto di questo tipo, vi sia la possibilità di mettere tutto in discussione. La risposta è affermativa, se tu lo vuoi. Infatti, se un Patto di Famiglia è ben strutturato, potrà contenere dei criteri di controllo dell'attività dei beneficiari assegnatari (cioè di coloro, come ti spiegheremo più avanti, che hanno ottenuto l'azienda o le partecipazioni).

Si potrà fare in modo che costoro siano tenuti a raggiungere determinati obiettivi aziendali, oppure a rispettare determinati criteri di gestione e che, in caso di mancato rispetto di tali obiettivi o di mancata osservanza di tali criteri, si preveda la risoluzione dell'attribuzione.

Ti facciamo un esempio. Immagina Giovanni che attribuisce a titolo di Patto di Famiglia la propria società al figlio Emanuele. Ebbene, Giovanni potrà prevedere nel contratto che, se Emanuele non amministrerà la società ottenendo determinati risultati, da verificare annualmente (o semestralmente), lui possa risolvere il contratto e ottenere la restituzione della quota dell'intera società.

Come vedi, dunque, il Patto in questo caso è stato creato in modo da essere reversibile e permettere all'imprenditore di avere ancora la possibilità di recuperare la sorte dell'impresa nel caso in cui il discendente abbia deluso le sue aspettative.

Nessun costo di gestione

Sì, hai proprio letto bene. Il Patto di Famiglia non ha in sé alcun costo di gestione successivo alla sua stipulazione. Questo lo rende particolarmente agile in quanto non necessita di nessuna struttura successiva che ne accompagni il funzionamento.

Tale aspetto lo differenzia moltissimo da figure quali il trust, per esempio, che hanno bisogno di figure (il *trustee*, per esempio) che gestiscano i beni o che controllino la gestione (il *guardian*) per una determinata finalità e che inequivocabilmente sono di solito (ben) remunerati per la loro attività. Il Patto di Famiglia, invece, pur mantenendo tutti i vantaggi fino a qui menzionati, non ha bisogno di ulteriori strutture di gestione che siano esterne ai soggetti operativi.

Evitare di frazionare troppo il patrimonio tra gli eredi

Avrai di certo presenti molte aziende storiche che oggi si trovano con una compagine societaria frazionata in una miriade di soci, tra loro tutti parenti, che litigano in continuazione. Immagina Carlo, che è unico socio di una società di calzature. Carlo ha moglie e tre figli. In assenza di altri strumenti, se Carlo venisse a mancare, le sue quote cadrebbero in successione alla moglie e ai tre figli (precisamente 1/3 alla moglie, 2/9 a ciascun figlio).

Immagina ora che ciascun figlio si sposi e che abbia a sua volta 2 figli. In assenza di altri strumenti, quando verrà a mancare ciascuno di questi figli, i suoi 2/9 saranno così divisi: 2/27 al proprio coniuge, 4/54 a ciascun figlio. Bene, hai capito cosa significa frazionare il patrimonio societario? Immagina la gestione di quella società. Immagina i rapporti tra zii, nonna e nipoti. Sembra la trama di un film drammatico. Bastano 2 generazioni per distruggere una società (a volte anche meno!).

Il Patto di Famiglia, stabilendo chi saranno coloro (e solo questi) che gestiranno l'impresa, evita nel modo più assoluto questo automatico frazionamento del patrimonio.

Risparmio fiscale
Ti renderai ben presto conto, nel Capitolo 5, di quali vantaggi potrai

ottenere. A questo punto, dopo avere passato in rassegna tutti questi vantaggi, ti sarai domandato se anche tu hai i requisiti per stipulare un Patto di Famiglia: nel prossimo capitolo potrai scoprirlo.

RIEPILOGO DEL CAPITOLO 1:

- SEGRETO n. 1: puoi realizzare i tuoi desideri, basta conoscere gli strumenti giusti.

- SEGRETO n. 2: puoi evitare i litigi in famiglia.

- SEGRETO n. 3: il Patto di Famiglia permette a tutti di rispettare le proprie aspirazioni.

- SEGRETO n. 4: il Patto di Famiglia risolve i problemi causati dalle donazioni.

- SEGRETO n. 5: il Patto di Famiglia ti permette di avere subito risultati concreti, guadagnare una rendita, controllare i tuoi risultati e tornare indietro se ti occorre.

Capitolo 2:
I requisiti per il Patto di Famiglia

Dopo avere letto così tanti vantaggi, ti starai probabilmente chiedendo se anche tu hai diritto a stipulare un Patto di Famiglia. Tra poco scoprirai se sei uno degli imprenditori che possono realizzare tutti i loro sogni una volta per tutte.

Imparerai altresì chi sono i discendenti e i legittimari, vale a dire coloro ai quali potrai attribuire l'azienda o le quote di partecipazione in società o che dovranno partecipare al tuo Patto di Famiglia per fare in modo che questo diventi valido, efficace e non impugnabile. Puoi prenotare la tua consulenza dedicata accedendo a https://pattodifamiglia.net/acquisto-consulenza

Questo capitolo è più tecnico del precedente e ti insegna anche a leggere i tuoi documenti societari: leggilo dunque con attenzione e potrai andare subito a mettere in pratica quello che hai imparato.

L'imprenditore individuale (Ditta Individuale)

Per farti capire chi è l'imprenditore individuale, possiamo procedere con un semplice esempio. Immagina Filippo, che di professione è uno stimato ristoratore. Costui gestisce da anni un famosissimo ristorante e ha alle sue dipendenze oltre 20 persone. Ci sono naturalmente i due cuochi, i sous-chef, i lavapiatti, il personale di sala e il personale in amministrazione. Tutti fanno riferimento a Filippo.

Come avrai capito, egli è da solo. Ha sempre impartito direttive vincolanti a tutti quanti, ma non ha mai voluto costituire società con alcun socio, rimanendo un imprenditore della ristorazione in forma individuale. Ha una moglie e due figli. I due figli lavorano nel ristorante del papà, uno in amministrazione e uno fra il personale di sala.

Un figlio (quello che lavora in amministrazione) ha la ferrea volontà di continuare l'attività del padre nella gestione del ristorante, l'altro invece (quello che lavora fra il personale di sala), pur volendo continuare a collaborare nell'impresa, non ha intenzione di spendere la sua vita a gestire il ristorante. Tale figlio è meno propenso al rischio, ama condurre una vita più tranquilla e dedicarsi, nel tempo libero, ai suoi numerosi hobby.

Come dunque avrai capito, si può essere benissimo imprenditori senza avere una società. Spesso le persone confondono questi due concetti (anche gli stessi imprenditori) e si convincono che, per essere imprenditori, occorra per forza essere soci. Nulla di più sbagliato. Nel nostro esempio, Filippo è un imprenditore individuale. Nell'esempio fatto, egli è il tipico esempio di imprenditore "ordinario", che può stipulare un Patto di Famiglia e trasferire la propria azienda a uno dei due figli, soddisfacendo nello stesso tempo anche gli interessi dell'altro figlio.

Anche tu, se ti riconosci in una situazione simile a quella del nostro Filippo, hai tutti i requisiti per procedere con un Patto di Famiglia. Ora, però, ci si potrebbe chiedere se per potere procedere con la stipulazione di un Patto di Famiglia sia assolutamente necessario che Filippo sia un imprenditore "ordinario", vale a dire se sia necessario che egli abbia la piena proprietà e gestisca tutt'oggi la propria impresa.

Infatti, prova a pensare al caso in cui egli abbia la sola nuda proprietà dell'azienda e lasci gestire l'attività dell'impresa a un terzo soggetto, usufruttuario oppure comodatario (anche uno dei figli). Nel nostro caso potresti immaginare Filippo che, ormai anziano, si sia piano piano disinteressato all'attività di ristoratore e che, negli ultimi anni, abbia lasciato gestire il ristorante solo al figlio in amministrazione, concedendo a lui il comodato o, addirittura, l'usufrutto dell'azienda.

O, ancora, prova a pensare al caso opposto, vale a dire quello in cui il nostro Filippo sia titolare di un'azienda non più funzionante. Immagina un vecchio ristorante che ha funzionato molto bene negli anni passati, ma che ora è del tutto fermo e del quale Filippo mantiene la piena proprietà e vorrebbe tanto cedere la propria azienda a uno dei figli. Infatti, si potrebbe immaginare che, nel momento in cui Filippo ha cessato l'attività di ristoratore, i figli fossero ancora troppo piccoli, ma ora, dopo diversi anni, uno di loro ha manifestato grande interesse a gestire, di nuovo, il ristorante del padre.

Persino se rientri in un caso simile a uno di quelli che ti abbiamo mostrato nel nostro esempio (cioè di persona non più imprenditore nella sostanza, che ha la titolarità di un'azienda che funziona, oppure imprenditore vero e proprio ma con un'azienda che non è più in funzione) possiamo dirti che si ritiene che anche tu possa accedere al Patto di Famiglia e dunque trasferire l'azienda ai tuoi discendenti per favore il passaggio generazionale e godere di tutti i vantaggi che abbiamo visto nel Capitolo 1.

L'imprenditore societario

Società di persone: Società Semplice, Società in Nome Collettivo (SNC), Società in Accomandita Semplice (SAS)

Può accadere che tu non sia un imprenditore individuale, ma sia socio di una società di persone. Questa società potrebbe svolgere qualunque attività, sia di carattere agricolo sia di carattere commerciale. Immagina, per esempio, una Società Semplice che svolge l'attività di impresa agrituristica. Oppure, ancora, immagina una SAS che esercita attività nell'ambito dell'edilizia.

Bene, anche in questi casi, se tu hai la titolarità di una partecipazione in una di queste società, hai presumibilmente la possibilità di costruire un Patto di Famiglia. Non importa quanto grande sia la quota di partecipazione, può essere piccola, anche inferiore all'1%, così come può essere una partecipazione di controllo, anche assoluto, oltre il 99%. In tutti i casi hai la possibilità di procedere con la stipulazione di questo contratto. Non solo, ricorda che non importa che tu abbia la piena proprietà o solo la nuda proprietà della tua quota di partecipazione, puoi sempre procedere con il Patto.

Nelle società di persone vi sono però delle regole ben precise in tema di trasferimento delle quote dei soci, che devono essere rispettate. Infatti, sia nella Società Semplice sia nella SNC, il trasferimento della quota dei soci è possibile con il consenso degli altri soci. Questo salvo che l'atto costitutivo non disponga diversamente.

Quindi, se hai una quota in una di queste due società, devi leggere bene l'atto costitutivo della stessa e vedere se in esso sono contenute delle norme che riguardano il trasferimento delle partecipazioni societarie. Se troverai delle norme, ti dovrai prima di tutto attenere a esse mentre, se non troverai scritto nulla, varrà il principio che ti abbiamo appena descritto, vale a dire che, per trasferire la tua partecipazione societaria a titolo di Patto di Famiglia, dovrai avere il consenso degli altri soci.

Può accadere che tu non abbia sottomano (o non trovi più) l'atto costitutivo della tua società. Non ci sono problemi, in questo caso ti basta domandarne una copia al notaio che ha redatto l'atto costitutivo e lui sarà tenuto a fornirtela.

Se si tratta di una SAS, la risposta è un po' più articolata. Come ben saprai, infatti, nella SAS vi sono due tipologie di soci. Da un lato vi sono gli accomandatari, che sono coloro che gestiscono e rappresentano la società (il nome di almeno uno di loro compare nella ragione sociale) e che, in caso di debiti della società, rispondono illimitatamente, anche con il loro patrimonio personale (quindi, se sei accomandatario, ricorda sempre che rispondi dei debiti della società anche con i tuoi beni).

Dall'altro vi sono invece gli accomandanti, che sono quei soci che non possono gestire gli affari della società (salvo alcune eccezioni) ma che al contempo sono "protetti" dal rischio del proprio patrimonio, perché rispondono solo nei limiti di quello che si sono impegnati a conferire alla società stessa. Quindi, per capirci, se un accomandante ha conferito 50.000 euro alla società, "rischia" solo la perdita di quei 50.000 euro e nulla, invece, del suo patrimonio personale.

In questa tipologia di società, se sei un accomandatario, per il trasferimento della quota a titolo di Patto di Famiglia ti occorre il consenso degli altri soci (anche degli accomandanti) salvo sempre che l'atto costitutivo non disponga diversamente. Se invece sei un accomandante, e sempre salvo diversa disposizione del tuo atto costitutivo, per il trasferimento della quota tramite Patto di Famiglia ti occorre il consenso dei soci che rappresentano la maggioranza del capitale sociale. Fai bene attenzione, perché la maggioranza si calcola non in base al numero delle teste (compresa la tua) dei soci, ma in base alla somma delle loro quote.

Per fare un esempio, immagina una SAS in cui ci sono 2 accomandatari e 2 accomandanti. Gli accomandatari hanno quote rispettivamente del 12% e dell'8% (per un totale del 20%) mentre i due accomandanti hanno ciascuno una quota del 40% (per un totale di 80%). In questo caso, se un accomandante vuole trasferire la sua quota con un Patto di Famiglia a un suo discendente, basta il suo consenso (quota 40%) e almeno il consenso dell'altro accomandante o dell'accomandatario con il 12%, perché la somma delle loro quote rappresenterebbe in ogni caso la maggioranza del capitale sociale. Non servono, dunque, "3 teste su 4" dei soci ma, come hai visto, ne sarebbero sufficienti solo 2.

Oppure, ancora, immagina una società in cui l'accomandante che vuole trasferire la quota abbia il 60% del capitale sociale: non ha bisogno del consenso di nessun altro socio per potere dare vita al proprio Patto di Famiglia.

Società di Capitali: Società a Responsabilità Limitata (SRL), Società Per Azioni (SPA), Società in Accomandita per Azioni (SAPA)
Se invece sei socio di una delle tre tipologie di società di capitali, le regole di trasferimento della quota (o delle tue azioni) sono solitamente l'opposto di quelle delle società di persone. Questo significa che la regola generale, salvo eccezioni statutarie, è quella della libera trasferibilità attraverso il Patto di Famiglia delle tue quote o delle tue azioni; i tuoi soci, dunque, nulla potranno opporre

in merito alla tua decisione di trasferire quote o azioni e pertanto non avrai bisogno di alcun consenso.

L'esempio è molto semplice: immagina di avere una quota dell'1% di una SRL: bene, questa è di regola liberalmente trasferibile in un Patto di Famiglia al discendente che preferisci. Lo stesso vale, però, anche se la tua quota è del 99%: la regola generale nelle società di capitali è la libera trasferibilità. Lo stesso vale nel caso in cui tu abbia una o 100.000 azioni di una SPA.

Per quanto riguarda le SAPA, queste sono società in cui vi sono due tipologie di soci: gli accomandanti (che rispondono limitatamene al loro conferimento) e gli accomandatari (che rispondono illimitatamente anche con il loro patrimonio). Solo gli accomandatari sono amministratori.

Nel caso di trasferimento di azioni dei soci accomandatari, colui che acquista le azioni tramite Patto di Famiglia non diventerà automaticamente accomandatario, bensì accomandante. Solo se vi sarà la nomina ad amministratore, costui diventerà anche accomandatario. La nomina ad amministratore è deliberata dall'assemblea della SAPA con il consenso di tutti gli amministratori in carica.

In tutte le società di capitali, anche se la regola generale che abbiamo visto è quella della libera trasferibilità delle quote e delle azioni tramite Patto di Famiglia, è frequente che lo statuto contenga dei limiti e delle eccezioni al trasferimento. Per questo, prima di progettare un Patto di Famiglia, dovrai necessariamente prendere la copia dello statuto che è in tuo possesso e darle un'attenta lettura. Come ti abbiamo già spiegato, se non ne hai una copia, basta che tu la chieda al notaio che lo ha redatto.

Le limitazioni degli atti costitutivi e degli statuti al trasferimento delle partecipazioni societarie
Gli atti costitutivi e gli statuti delle società di persone e di quelle di capitali contengono spesso una miriade di regole tra loro diverse in tema di trasferibilità delle partecipazioni sociali *inter vivos* (cioè tra vivi) e *mortis causa* (cioè a causa di morte) dei soci.

Proprio per questo, quando ci si appresta a progettare un Patto di Famiglia (che rappresenta un trasferimento *inter vivos*) che abbia a oggetto le quote di partecipazione o le azioni in società, occorre partire innanzi tutto da un'attenta analisi di questi documenti. L'analisi puoi farla anche tu stesso, come ti abbiamo già spiegato, così potrai farti già un'idea su come procedere.

Nelle società di persone hai appena imparato che la regola generale è il consenso degli altri soci. Ebbene, sappi che, molto spesso, gli atti costitutivi prevedono regole molto più agevoli. Ti citiamo le più comuni che potrai trovare: la regola della maggioranza degli altri soci, per teste o per quote (clausole di maggioranza) oppure, addirittura, la libera trasferibilità delle quote (clausole di libera trasferibilità) oppure, ancora, clausole che prevedono che il nuovo socio sia gradito agli altri (clausole di gradimento) o clausole che prevedono che, prima di essere ceduta ai tuoi discendenti, la quota sia offerta agli altri soci (clausole di prelazione, di cui occorre discutere l'applicabilità anche all'ipotesi di trasferimento tramite Patto di Famiglia).

Per farti un esempio delle clausole di gradimento, immagina una clausola che preveda che, in caso di trasferimento della quota al nuovo socio, costui debba essere gradito agli altri: in questo caso dovrai procedere, onde evitare contenziosi (e dunque presumibili cause in tribunale per via della mancata efficacia del trasferimento verso la società), a raccogliere prima il consenso degli altri soci in merito all'ingresso in società del tuo discendente e poi potrai dare vita al tuo Patto di Famiglia.

Molto simili sono le clausole che potrai trovare nello statuto della tua società di capitali. In queste può accadere che per un periodo di tempo limitato (a partire dalla costituzione della società) possa essere pattuito un divieto assoluto di trasferimento della quota di partecipazione. In tal caso dovrai attendere che tale periodo termini per potere procedere con la stipulazione del Patto di Famiglia. Se invece tu volessi comunque procedere a tutti i costi, sarà necessario (onde evitare contenziosi) che tu raccolga prima il consenso degli altri a modificare lo statuto, con delibera oppure espresso individualmente da ciascuno di loro.

Allo stesso modo, alcune clausole possono prevedere che il trasferimento delle quote possa avvenire solo nei confronti di altri soci. In questo caso, dovrai controllare che il tuo discendente sia già socio della società. Per esempio, tutto sarebbe regolare se uno dei tuoi figli, al quale vuoi trasferire le quote della tua SRL, sia già socio di essa.

In caso contrario, se cioè il tuo discendente non è già socio della società, dovrai ottenere il consenso degli altri soci per potere procedere con il Patto di Famiglia. Il tutto, come ti abbiamo già spiegato, per evitare problemi in futuro, in particolare contenziosi per la validità o l'efficacia del trasferimento della quota verso la società.

Anche in queste potrai trovare le clausole di prelazione, come già descritto a proposito della società di persone. Oppure potrebbe accadere che il trasferimento delle tue quote debba essere sottoposto al gradimento di alcuni organi sociali (come l'assemblea dei soci o il consiglio di amministrazione), oppure di singoli soci ben determinati (ad esempio Tizio, socio della tua società), o, ancora, di terze persone che nemmeno fanno parte della società.

Il tuo statuto potrà prevedere che il consenso per il trasferimento in Patto di Famiglia della tua quota debba essere sottoposto a un gradimento "semplice" di queste persone oppure al rispetto di certi requisiti dei tuoi discendenti. Per farti un esempio, tali clausole potrebbero prevedere che i tuoi discendenti, per potere subentrare, debbano avere determinate qualifiche professionali o di studio (ad esempio che siano ingegneri o periti meccanici).

In tutti questi casi, se i tuoi discendenti non hanno queste caratteristiche, occorre superare l'ostacolo attraverso un accordo con gli altri soci, mediante delibera di modifica statutaria oppure espresso individualmente da ciascuno. Come puoi vedere, dunque, l'analisi dell'atto costitutivo e dello statuto della tua società sono fondamentali per capire come procedere con il Patto di Famiglia.

In realtà questa analisi è ancora più generale, in quanto analizzare questi documenti è il presupposto di qualunque operazione che tu voglia fare con le tue partecipazioni societarie, sia essa un Patto di Famiglia oppure una qualsiasi altra operazione quale, a titolo di esempio, un *trust*, oppure la predisposizione di un testamento, la costituzione di una fondazione di famiglia o, ancora, un contratto di famiglia per la predisposizione di una *policy* familiare dell'impresa (*Family Contract*).

I discendenti

Molto spesso si fa confusione in merito a quelli che sono i nostri discendenti. Si mischiano un po' di conoscenze del diritto con le credenze popolari. Per i tuoi fini, dovrai essere in grado di sapere perfettamente chi devi considerare tuoi discendenti ai sensi di legge, in modo tale da essere pronto a scegliere chi potrà essere colui (o coloro) al quale potranno essere trasferite l'azienda o le partecipazioni societarie.

In primo luogo, tra i tuoi discendenti vi sono i tuoi figli. Il Patto di Famiglia potrà essere stipulato a favore di uno solo di essi, oppure a favore di tutti, oppure ancora a favore solo di alcuni di essi. Come hai capito fin dal primo capitolo, questo non significa che coloro che non hanno ricevuto l'azienda o le partecipazioni ne ricaveranno un danno, ma significa solo che gli altri figli riceveranno qualcosa di diverso, sempre nel rispetto dei loro diritti, per fare in modo che nei confronti di tutti i tuoi figli tu possa rispettare la legge ed evitare litigi per il futuro. Per tutti i benefici che potrai avere, rileggi il Capitolo 1.

Quando pensi ai tuoi figli, non devi pensare solo a quelli che sono nati all'interno di un matrimonio, ma a tutti quanti. Per capire meglio, devi pensare a tutti i tuoi figli, indipendentemente dal fatto che tu sia stato sposato o meno, basta che siano stati riconosciuti da te. Rientrano a pieno titolo tra i tuoi discendenti – in quanto figli a tutti gli effetti – anche i figli che hai adottato.

Facciamo un esempio. Roberto ha il 40% delle azioni di una SPA, del valore di diversi milioni di euro. Ha un figlio primogenito riconosciuto, Luca, nato quando Roberto era poco più che ventenne e non era sposato. Poi Roberto si è sposato con Alice, dalla quale ha avuto altre due figlie, Valentina ed Elisabetta, ancora minorenni. Roberto e la moglie Alice hanno fatto molte opere di beneficienza, tra cui anche adottare un figlio, Faruk, che oggi ha 19 anni. In seguito Roberto e Alice si sono separati e hanno divorziato.

Ora Roberto è single, ma ha intenzione di programmare il proprio passaggio generazionale. Il suo patrimonio è importante e, allo stesso tempo, ha individuato chi tra i suoi discendenti potrebbe essere il più adatto a continuare l'attività della società di cui è socio.

In questo esempio, come vedi, abbiamo diverse casistiche. Se

Roberto volesse dare vita a un Patto di Famiglia, dovrebbe considerare come potenziali discendenti ai quali assegnare le azioni tutti i figli che abbiamo menzionato, oppure solo alcuni di essi, anche uno solo. Sia Luca che Valentina, Elisabetta (ancorché minorenni) e Faruk sono figli che Roberto potrebbe individuare come assegnatari delle sue azioni in quanto sono figli riconosciuti o validamente adottati.

Oltre ai figli, possono essere discendenti assegnatari anche i nipoti (figli dei figli) e i pronipoti (figli dei figli dei figli) e, secondo molti commentatori, anche coloro che sono nipoti o pronipoti non ancora nati (sia che siano già concepiti sia che non siano ancora stati concepiti). Secondo l'opinione di molti, non importa che costoro siano maggiorenni o minorenni o addirittura incapaci (inabilitati, interdetti, sottoposti ad amministrazione di sostegno) al momento in cui si stipula il Patto di Famiglia. Quindi della loro giovane età e incapacità non ti devi preoccupare perché vi sono dei meccanismi giuridici di gestione e di tutela che permetterebbero di procedere alla sua stipulazione, con le dovute autorizzazioni.

Inoltre, tanto per farti un esempio, potrai riservarti l'usufrutto della partecipazione. In questo modo conserverai sia un potere di gestione sia il diritto agli utili relativi alla partecipazione, ma potrai letteralmente accompagnare il discendente mano a mano che cresce nella gestione della tua impresa o della tua partecipazione, insegnandogli tutti i segreti che hai imparato nel corso della tua esperienza.

Potrai anche prevedere, secondo alcuni, che, dopo il tuo usufrutto e prima che il tuo discendente prenda le redini dell'impresa, questo diritto di usufrutto si trasferisca in capo a un'altra persona (per esempio un soggetto amministratore capace e degno del massimo rispetto da parte tua, in grado di fare da maestro al tuo discendente).

I legittimari

Avrai sentito tante volte questa parola e probabilmente saprai già alcune cose su chi saranno i tuoi legittimari. Al Patto di Famiglia, oltre naturalmente ai discendenti ai quali attribuirai le quote o le azioni, dovranno partecipare tutti coloro che in quel preciso momento sono tuoi legittimari. Costoro, quindi, dovranno partecipare al Patto di Famiglia anche se non sono i soggetti ai quali hai deciso di trasferire l'azienda o le quote. Essi riceveranno altro (per esempio denaro o immobili) e lo potranno ricevere sia da te, al posto dell'azienda o delle quote, sia da coloro ai quali hai trasferito appunto l'azienda e le quote.

Non occorre che ricevano tutto e subito, in quanto è possibile liquidarli anche nel corso del tempo. E se costoro non vogliono partecipare? Molte volte, per esempio, si rifiutano o non ne vogliono sapere proprio nulla: ecco che secondo molti studiosi è sufficiente che vengano almeno convocati, poi si può procedere alla redazione del Patto di Famiglia con coloro che hanno accettato di parteciparvi, l'importante è che vi sia almeno colui o coloro ai quali verranno assegnate l'azienda o le quote.

Sapere chi sono i tuoi legittimari è molto facile. Nel momento in cui decidi di stipulare un Patto di Famiglia, devi considerare le seguenti 3 categorie di soggetti nella tua vita e in quel preciso momento.

Il coniuge
Costui è la persona con la quale hai contratto matrimonio civile (cioè "solo" in Comune) oppure Concordatario (cioè in Chiesa, ma

con effetti anche civili). Se sei separato, devi fare attenzione perché il tuo coniuge è legittimario a tutti gli effetti di legge.

Infatti la separazione non è sufficiente, da sola, a eliminare il vincolo civile del matrimonio. Unica eccezione è il caso in cui voi siate separati e al tuo coniuge sia stata addebitata la separazione con una sentenza passata in giudicato. In questo caso non dovrà partecipare al tuo Patto di Famiglia. Se invece sei divorziato, e la sentenza di divorzio è passata in giudicato, allora non avrai più alcun problema: il vincolo del matrimonio civile non esiste più e non sarai tenuto a far partecipare il tuo ex-coniuge.

È equiparato al coniuge anche colui o colei con cui sei unito con una unione civile, che in Italia è possibile stipulare dal 2016. Coloro uniti con le unioni civili sono infatti equiparati ai coniugati. Non è invece considerato coniuge colui o colei che convive stabilmente con te (il "convivente") senza che vi sia né matrimonio né unione civile.

I figli

Nel novero di costoro rientrano tutti i tuoi figli, senza differenze in base al fatto che siano nati all'interno di un matrimonio o meno oppure, ancora, che siano stati adottati. L'importante è che siano stati da te riconosciuti o che ne sia stata accertata la tua paternità.

Costoro, in particolare, rientrano tra i discendenti ai quali potresti avere deciso di non attribuire l'azienda o le quote, ma ai quali viene attribuito, come vedremo in seguito, un valore tramite altri beni. Nel caso sfortunato in cui uno di questi tuoi figli sia già morto e ti abbia lasciato dei nipoti, saranno costoro a dover partecipare al posto di tuo figlio.

Ascendenti

Costoro sono i tuoi genitori (o nonni, se non ci sono i genitori) ma si ritiene che ai fini del Patto di Famiglia non debbano partecipare se non per conferire a quello che stai facendo una maggiore "importanza", perlomeno morale, per tutta la famiglia.

Pensa che, per esempio, i tuoi anziani genitori, fondatori dell'impresa di famiglia e di cui l'impresa porta oggi ancora il nome, potrebbero essere felici di partecipare a un Patto di Famiglia in cui ti vedono assegnare l'azienda o le partecipazioni societarie a uno o più dei tuoi figli, designati come successori della vostra impresa di famiglia.

Ora hai imparato molte più cose di quello che un comune imprenditore è tenuto a sapere e sei decisamente pronto per conoscere anche cosa è possibile trasferire con il Patto di Famiglia. Lo vedrai a breve, tra qualche pagina.

RIEPILOGO DEL CAPITOLO 2:

- SEGRETO n. 1: puoi realizzare un Patto di Famiglia sia se sei un imprenditore con Ditta Individuale, sia se sei socio di una società.

- SEGRETO n. 2: impara a leggere l'atto costitutivo e lo statuto della tua società.

- SEGRETO n. 3: valuta i discendenti più capaci e con spiccate doti imprenditoriali.

- SEGRETO n. 4: il coniuge separato mantiene solitamente tutti i diritti successori.

- SEGRETO n. 5: al Patto devono partecipare tutti coloro che in al momento della stipulazione sono legittimari.

Capitolo 3:
Cosa trasferire col Patto di Famiglia

L'azienda

Se sei un imprenditore individuale, e se hai pensato al passaggio generazionale, nel rispetto delle norme in tema di impresa familiare, il tuo primo pensiero su quello che puoi trasferire ai tuoi discendenti cadrà molto probabilmente sulla tua azienda. Questa è di sicuro l'oggetto principe del Patto di Famiglia, ma ora devi imparare che cosa si intende con il termine "azienda" e se puoi trasferirne anche solo una parte. Le novità in tema di quello che potrai trasferire saranno sempre aggiornate e sul punto puoi chiedere una consulenza prenotando il tuo appuntamento su https://pattodifamiglia.net/acquisto-consulenza.

Prima di tutto, devi sapere che l'azienda non è semplicemente una somma di beni e macchinari produttivi, ma è qualcosa di più, è il loro insieme con tutti i rapporti che li legano al mondo esterno. Ti basterà questo semplice esempio per capire.

Monica è un'imprenditrice ed è titolare di una piccola azienda meccanica ereditata da suo padre. Monica esercita la sua attività in un capannone, che occupa grazie a un contratto di locazione commerciale in base al quale paga tutti i mesi un canone.

Monica ha alcuni macchinari di proprietà (tra cui un tornio), mentre altri sono in leasing (tra cui una pressa). Ha anche la proprietà di un furgone a uso commerciale e inoltre possiede diverso materiale nei suoi magazzini. Per la sua attività ha stipulato un contratto di lavoro con tre dipendenti, di cui due lavorano in officina e uno in amministrazione.

L'azienda di Monica non è solo l'insieme dei beni di cui la stessa ha la proprietà, ma anche di tutti i rapporti giuridici che permettono a Monica di esercitare appieno la sua attività.

Nel nostro esempio, l'azienda di Monica non è formata solo dalla proprietà dei macchinari, ma anche dai contratti di *leasing* e dal contratto di locazione del capannone di cui è titolare, dal contratto di lavoro con i suoi dipendenti, dalla proprietà del furgone: insomma da tutto l'insieme di diritti sui beni (compresi i crediti e i debiti verso terzi) e dall'organizzazione degli stessi, grazie alla quale la sua attività può funzionare giorno per giorno.

L'azienda non si riduce alla proprietà dei beni, ma è molto di più. Comprendi dunque che, quando hai la volontà di trasferire la tua azienda, l'operazione è molto più complessa di quello che può sembrare, perché non ti limiterai solo a trasferire dei beni, ma trasferirai anche rapporti (per esempio quelli dei contratti) che coinvolgono anche soggetti terzi.

Pertanto, quando dovrai pianificare il tuo Patto di Famiglia, non potrai pensare di trasferire un singolo macchinario o solo la proprietà di alcuni beni, ma dovrai pensare sempre di trasferire un'unità di beni e di rapporti dotata di una sua autonomia e in grado, da subito, di produrre beni o servizi. Naturalmente non serve che l'azienda produca fin da subito nella realtà, importa solo che sia adatta a produrre fin da subito (potendo dunque essere, nel momento in cui la si trasferisce, temporaneamente ferma).

Potrai decidere tu se trasferire la tua azienda nella sua interezza oppure se mantenere per te determinati diritti, come la proprietà di alcuni beni. Pensa per esempio alla possibilità di mantenere la proprietà del capannone e di darlo in locazione al tuo discendente, garantendoti, in questo modo, una rendita grazie al canone che ti sarà versato tutti i mesi. Oppure pensa alla possibilità di mantenere la titolarità personale di diritti su marchi e brevetti che hai realizzato, concedendo l'uso di questi al tuo discendente in cambio di un canone mensile, garantendoti, anche in questo caso, un introito periodico.

Tutte queste considerazioni valgono anche nel caso in cui tu voglia trasferire a titolo di Patto di Famiglia solo una quota della tua azienda, per esempio perché vuoi mantenere un reddito costante, oppure perché vuoi testare prima le capacità del tuo discendente, mantenendo un controllo sull'attività e completando solo in seguito un passaggio definitivo e totale.

Valgono altresì nel caso in cui tu voglia trasferire solo la quota di un'azienda di cui sei contitolare con altri. Questa situazione è molto più diffusa di quanto pensi. Probabilmente hai in mente moltissime aziende che sono di proprietà di diversi fratelli che le gestiscono dividendosi i compiti. Queste aziende sono di proprietà di ciascun fratello per quota: immagina due fratelli che sono titolari al 50% ciascuno della loro azienda di famiglia.

Nelle aziende come quella dell'esempio accade, di solito, che i figli dei due fratelli inizino pian piano a dare il loro contributo all'attività dei genitori. Ebbene, costoro, anche se sono proprietari solo di una quota dell'azienda (nel nostro caso il 50%), potranno trasferire la suddetta quota di azienda ai figli a titolo di Patto di Famiglia. Se sei titolare solo di una quota dell'azienda, dunque, puoi stipulare anche tu un Patto di Famiglia, senza alcuna limitazione.

Spesso accade altresì che le aziende abbiano più rami. Per farti un esempio concreto, puoi pensare all'impresa di Anita, che gestisce un'attività immobiliare in una bellissima località italiana vocata al turismo. Anita si occupa, con i suoi collaboratori, di due attività distinte: ristrutturare e rivendere immobili da un lato, gestire locazioni turistiche dall'altro.

Come vedi, l'azienda di Anita ha due rami ben precisi, vale a dire quello delle ristrutturazioni e quello delle locazioni turistiche. In questa situazione è ben possibile che Anita, ormai vicina alla pensione, decida di trasferire a titolo di Patto di Famiglia a uno dei suoi tre figli il ramo delle ristrutturazioni, mantenendo per sé la titolarità del ramo che riguarda la gestione delle locazioni. Si ritiene possibile, inoltre, che con il Patto si trasferiscano non solo la piena proprietà dell'azienda, ma anche diritti quali l'usufrutto o, al contrario, la nuda proprietà della stessa.

Le partecipazioni societarie

Può accadere che tu non sia un imprenditore individuale, ma un imprenditore societario. Come hai già visto nel Capitolo 2, ci sono diverse tipologie di società, sia di persone sia di capitali (Società Semplice, SNC, SAS, SRL, SPA, SAPA). Anche in questo caso, hai la possibilità di trasferire a titolo di Patto di Famiglia le tue partecipazioni ai discendenti che ritieni più capaci e felici di continuare la tua attività di impresa, attribuendo agli altri, invece, altri benefici. Questo permetterà che solo i tuoi discendenti più motivati a portare avanti l'attività siano incentivati a farlo e, al tempo stesso, permetterà a coloro che invece sono più vocati a fare altro nella vita di seguire i loro legittimi desideri.

Può accadere che tu sia titolare di più partecipazioni in diverse società e voglia attribuirne solo alcune oppure, ancora, che tu sia titolare di una partecipazione più ampia, ma ne voglia attribuire solo una parte. Questi tuoi desideri si possono perfettamente realizzare e te ne offriamo subito un esempio.

Mario è un imprenditore poliedrico e ha investito risorse personali in diversi business: ha costituito una società di gestione di parcheggi, nella forma di SRL, della quale detiene il 34%; si è poi dedicato al franchising e ha, investito nella sua piccola città, in un negozio di abbigliamento in franchising, partecipando a un'altra SRL al 20%. Non solo, da qualche tempo ha investito in una startup che si occupa di alimentazione e benessere la quale ha avuto uno sviluppo commerciale importante e si è trasformata in una SPA, di cui ha il 15%.

Come vedi, Mario è un imprenditore che ha investito in molti settori, ottenendo rendite. Egli ha intenzione di trasferire al proprio figlio Gianluca, che lavora nella prima azienda, solo una parte (il 10%) della sua partecipazione nella SRL di gestione dei parcheggi, per incentivarlo a dare il massimo. Vuole altresì trasferire alla propria figlia Giada l'intera quota della SRL che si occupa di abbigliamento in franchising.

Mario può fare tutto questo trasferendo ai figli una parte delle suddette partecipazioni a titolo di Patto di Famiglia, per incentivare ciascuno di loro a dare il massimo nel settore che gli è più confacente. Al tempo stesso, però, vuole mantenere sia una parte della titolarità della società di gestione dei parcheggi, sia l'intera partecipazione nella SPA, che vede come rendita per il futuro e che lo impegna meno, a livello lavorativo, rispetto alle altre.

Nonostante alcune opinioni contrarie, la legge non vincola il trasferimento ad alcun limite "minimo" di grandezza della tua partecipazione, né tantomeno richiede che tu svolga attività di gestione diretta o di indirizzamento della tua attività, né che il tuo discendente garantisca di svolgere l'attività di indirizzamento dell'attività o garantisca di fare l'imprenditore a vita.

Potrai dunque trasferire anche partecipazioni molto piccole, o solo una piccola parte, senza che importi che tu sia l'amministratore o un socio lavoratore. Basta che tu sia titolare della partecipazione o che abbia un diritto di quelli analizzati nel Capitolo 2, nel rispetto di eventuali regole poste dall'atto costitutivo o dallo statuto. I vantaggi che otterrai saranno moltissimi, tutti elencati nel Capitolo 1 e li potrai sperimentare fin da subito.

Mantenere i poteri di gestione e controllo

Penserai che probabilmente ci sono molte buone intenzioni in quello che leggi, ma vorrai anche capire come potere mantenere le "redini" dell'attività. Dopotutto, penserai che le persone che hai individuato come tuoi degni continuatori dell'attività sono certamente brave e preparate, ma molto probabilmente vuoi garantirti di mantenere un po' il controllo dell'attività di impresa, perlomeno finché costoro avranno raggiunto una buona autonomia.

Inoltre, sappiamo bene cosa hai in mente: starai pensando al caso in cui colui (o coloro) che hai scelto non sia in grado di continuare, oppure al fatto che accada qualcosa di imprevisto, di spiacevole, o di avere paura di avere combinato un guaio. Vorrai avere la possibilità di tornare indietro se ne hai il bisogno, di tenere il controllo totale di questa operazione.

Tu, come tutti gli imprenditori, hai proprio questo desiderio. I motivi sono molto semplici: è difficile staccarsi tutto d'un tratto dalle proprie cose e, d'altro canto, hai anche paura che un brusco cambio di gestione nell'impresa possa creare squilibri, volendo così procedere piano piano, "step by step", introducendo colui (o coloro) che hai designato in modo graduale e dilazionato nel tempo; vuoi mantenere il controllo nel caso in cui accada qualcosa di imprevisto.

Sarà possibile ottenere tutto questo? Forse ti sembrerà un sogno, ma anche questo risultato, come già anticipato, è realizzabile all'intero del Patto di Famiglia. Vediamo alcune strategie concrete che potrai subito inserire nel tuo Patto.

Il recesso

Il primo modo per garantirti di avere il totale controllo sull'operazione è quello di prevedere un diritto di recesso. Quando strutturerai l'operazione, occorrerà prevedere fin dall'inizio il tuo diritto di recesso. Questo potrà essere modulato sia nel tempo (per esempio prevedendo che per i primi 5 anni tu abbia la possibilità di ripensarci e mandare a monte tutto) sia nelle motivazioni. Si può prevedere dunque un recesso basato sulla tua semplice volontà oppure vincolato al realizzarsi di determinati requisiti.

Ora prendi in esame questo esempio. Gianni ha due bellissime figlie, Elisabetta e Michela. Elisabetta ha 30 anni, lavora nella società del padre e ha spiccate capacità manageriali. Michela è una giovane dottoressa di 25 anni, che vuole specializzarsi in cardiologia, il suo sogno fin da bambina. È bravissima all'università, ha ottimi voti e una borsa di studio.

Gianni vorrebbe che la sua società venga presa letteralmente in mano da Elisabetta che, dopo il master in Inghilterra, ha fatto passi da gigante nelle competenze gestorie. Gli piacerebbe dare vita a un Patto di Famiglia in cui attribuire a Elisabetta la partecipazione nella società e a Michela le quote dei suoi fondi di investimento.

Gianni però ha un grande timore: Elisabetta è fidanzata e, a breve, si sposerà. Gianni non ha molta stima di suo genero e lo ritiene una persona in grado di approfittarsi della bravura della figlia. Gianni ha paura che una crisi coniugale della figlia possa determinare anche una crisi per l'attività di impresa, con effetti devastanti sulla mancanza di una guida stabile e sicura per l'attività. Senza contare che non sa se i coniugi sceglieranno un regime di comunione o di separazione dei beni.

Gianni ha uno strumento molto importante, che è proprio il diritto di recesso. Infatti, inserendo questo nel suo Patto di Famiglia, egli ha la possibilità, per il caso di una futura crisi coniugale della figlia, di recedere dal Patto riottenendo la titolarità delle quote della propria società e fare fronte, in totale sicurezza e con immediatezza, al periodo di crisi gestoria. Il recesso, se opportunamente previsto nel contratto, può salvare l'impresa anche da futuri pericoli e attribuire di nuovo il controllo all'imprenditore disponente (nel nostro esempio, Gianni).

La riserva di usufrutto
Un altro importante strumento, di cui hai già letto in questo libro, è la riserva di usufrutto in capo all'imprenditore. In questo modo potrai trasferire ai tuoi discendenti la nuda proprietà della tua azienda o delle tue partecipazioni societarie e riservarti l'usufrutto su tutte oppure solo su una parte di esse.

In questo modo avrai garantiti finché vivi sia una rendita (data dall'usufrutto) sia il potere di gestione dell'azienda e della società ma, al contempo, avrai individuato chi tra i tuoi successori sarà colui (o coloro) che continuerà la tua attività.

Non solo, oltre a ciò avrai anche potere di gestione e potrai altresì scegliere di limitare la durata dell'usufrutto per tutta la tua vita oppure solo per un determinato periodo. In questo periodo tu sarai al fianco del tuo successore e potrai guidarlo, insegnandogli tutti i segreti della tua attività o la tua esperienza di socio in società.

Ma c'è ancora molto altro da sapere. Infatti, con l'usufrutto non solo ti sarai garantito una rendita (anche senza lavorare, dunque) e un potere di gestione (se lo vorrai) ma, quando un giorno si aprirà la tua successione (il più avanti possibile!), non avrai dovuto predisporre nulla di più: in automatico il tuo discendente acquisterà la piena e totale proprietà della tua azienda, o quota di società, senza che debba fare nulla per ottenerla dagli altri fratelli o dagli altri discendenti. Tutto si perfezionerà automaticamente.

Non è finita: potrai anche prevedere che, dopo la tua morte, il tuo diritto di usufrutto, prima di trasferirsi al tuo discendente, si riservi a favore di un'altra persona. L'esempio più comune di questa seconda ipotesi è quello in cui l'impresa di famiglia è gestita da due coniugi: costoro stabiliscono di lasciare la nuda proprietà dell'azienda o delle quote societarie al figlio più capace (liquidando l'altro con denaro), prevedendo non solo di riservarsi l'usufrutto, ma altresì che, se venisse a mancare uno di loro, la sua quota di usufrutto si accresca all'altro coniuge prima di essere consolidata al figlio.

Riserva di disporre di alcuni beni

Potrai oltretutto, secondo molti, riservarti anche la possibilità di vendere alcune parti dell'azienda, o una parte delle quote, senza il consenso del tuo discendente. Questo sarà molto utile nel caso in cui tu veda che il tuo discendente non è in grado di gestire determinati aspetti dell'attività: potrai riservarti la possibilità di vendere alcuni macchinari a chi preferisci, o linee produttive, oppure, ancora, rami d'azienda, incassandone il ricavato.

Potrai anche riservarti di cedere a terze persone una parte delle quote se il tuo successore non si dimostra in grado di gestire bene l'attività, oppure se cambi idea e decidi di affiancargli qualcun altro.

Condizione di reversibilità o risoluzione
Potrai anche inserire una clausola che preveda che il tuo Patto si risolva nel caso in cui il tuo discendente venga meno prima di te, e vuoi evitare che subentrino i suoi eredi (i figli piccoli, la moglie inesperta) nella gestione dell'impresa. Oppure, ancora, potrai inserire una clausola che faccia in modo che, se il tuo discendente non gestisce l'impresa garantendo i risultati che tu vuoi che ottenga, il Patto si possa risolvere.

Classico esempio è quello in cui Giovanni ha appena stipulato un patto di Famiglia attribuendo a 2 dei suoi 3 figli le quote della sua SRL, prevendendo altresì che, se l'impresa non avrà determinati risultati (scritti e ben precisi) nei successivi tre anni, il Patto si potrà risolvere. In questo modo Giovanni ha dato una possibilità ai suoi figli ma, allo stesso tempo, ha tutelato l'impresa di famiglia.

Riserva di una quota societaria
Se il tuo Patto di Famiglia ha per oggetto una quota di società di

persone (Società Semplice, SNC, SAS) potrai anche pensare di tenere per te una piccola (anche piccolissima) quota e trasferire al tuo discendente la rimanente. In tal modo, poiché nelle società di persone la regola di amministrazione in alcune decisioni è quella dell'unanimità (salvo diversa disposizione dei patti sociali), tu potrai avere sempre un voto determinante nelle decisioni sociali.

Oppure, ancora, potresti estendere questa regola a tutte le decisioni di straordinaria amministrazione, mediante previa modifica dei patti sociali.

Riserva di particolari diritti

Se il tuo Patto di Famiglia ha per oggetto quote di Società a Responsabilità Limitata (SRL) e decidi di trasferire ai tuoi discendenti solo una parte della tua quota, se vi sono i requisiti per l'approvazione delle modifiche statutarie, potrai riservarti il diritto di nominare tutti o alcuni amministratori, oppure il diritto di essere amministratore o di approvare alcuni atti della società (per esempio gli atti di valore superiore al milione di euro).

Se invece il tuo Patto ha per oggetto azioni di una Società per

Azioni (SPA) e vi sono maggioranze idonee per la modifica statutaria, potrai riservarti alcune azioni che soddisfino il quorum per potere nominare parte degli amministratori (anche la maggioranza) o dell'organo di controllo. Il tutto, inoltre, può essere abbinato all'introduzione di idonee clausole di voto in seno all'organo amministrativo, che permettano così agli amministratori da te nominati di avere sempre il voto determinante al fine di ottenere le decisioni più importanti e strategiche.

Insomma, puoi ben vedere che vi sono moltissimi strumenti che ti permettono di adattare il Patto di Famiglia a tutte le tue esigenze: programmare il tuo passaggio generazionale ma, al contempo, effettuarlo in totale e assoluta sicurezza della tua impresa e del tuo patrimonio.

I vantaggi del Patto di Famiglia rispetto ad altri istituti

A questo punto, dopo avere visto che cosa può avere a oggetto il Patto di Famiglia, è opportuno fare un breve confronto fra questo istituto e i diversi istituti che si possono utilizzare per il tuo passaggio generazionale, vedendone i vantaggi.

Testamento

È lo strumento più antico per regolare il tuo passaggio generazionale ed è di sicuro in crescita negli ultimi anni, soprattutto se abbinato anche al cosiddetto testamento biologico (disposizioni anticipate di trattamento, DAT).

Il testamento è uno strumento molto versatile che ogni imprenditore può redigere da sé, meglio però se con l'aiuto di un professionista specializzato in materia. L'importante è che il testo sia scritto tutto a mano dal testatore, sia sottoscritto dallo stesso e riporti la data del testamento.

Il difetto dello strumento testamento è che i suoi effetti si manifestano dopo la morte dell'imprenditore e dunque egli non può vedere prima cosa accade quando vengono messe in pratica le sue previsioni di passaggio generazionale dell'impresa. Non si potrà "tornare indietro", insomma.

Non solo, all'apertura del testamento, se il testatore non ha fatto bene i calcoli della suddivisione dei beni e magari se ha fatto in vita delle donazioni (anche indirette, vale a dire senza chiamarle donazioni ma arricchendo comunque i suoi beneficiari) possono nascere liti tra gli eredi a causa degli squilibri creati da queste attribuzioni.

Inoltre, se il testamento non è redatto con tutti i crismi necessari, si determina la comunione ereditaria nella proprietà dell'impresa: questo significa che tutti gli eredi, indistintamente, diverranno titolari dell'azienda o delle partecipazioni societarie, pro quota. Questo determinerà inevitabilmente caos nella gestione e dissapori tra i discendenti, minando seriamente la gestione dell'impresa.

Donazione

Il Patto di Famiglia è stato introdotto proprio per porre rimedio ai problemi che nascevano a causa della donazione delle aziende o delle partecipazioni in società ai discendenti. Infatti, la donazione può determinare, al momento della morte dell'imprenditore, la lesione della cosiddetta legittima di alcuni eredi.

Questo accade perché, di solito, il valore delle aziende o delle partecipazioni è di grande considerazione e la violazione del diritto di alcuni eredi è molto frequente. La conseguenza di questo è che gli eredi che hanno subìto un torto da questa donazione saranno propensi a iniziare subito cause legali contro coloro che hanno ricevuto l'azienda o le partecipazioni, determinando così crisi dell'impresa e paralisi gestorie.

Inoltre, la donazione non tiene conto del valore dell'azienda al momento della morte del testatore: infatti, per conoscere il valore della donazione utile ai fini del calcolo della legittima, non dovrai fare attenzione al valore dell'azienda o delle partecipazioni al momento in cui doni, ma al valore che avranno quando si aprirà la tua successione.

Considera questo esempio. Se doni oggi le tue partecipazioni della tua SRL, sai che hanno un determinato valore di mercato, perché probabilmente hai voluto far periziare da un commercialista tali quote e sei sicuro del loro valore; ipotizziamo che abbiano un valore di 100 e che il tuo patrimonio totale valga 250.

Quando si aprirà la tua successione, per vedere se hai violato il diritto alla legittima di alcuni eredi, quelle stesse quote che hai donato dovranno essere periziate esattamente al momento di apertura della tua successione. Se la tua azienda, nel frattempo, è cresciuta e le quote, da 100, sono aumentare di valore a 350, puoi immaginare che è probabile che una donazione fatta anni prima abbia del tutto violato il diritto di legittima di alcuni tuoi eredi, e che costoro saranno pronti a fare causa agli altri per ottenere quanto la legge loro garantisce.

Questo meccanismo rappresenta per il tuo beneficiario della donazione un forte disincentivo dal far crescere l'impresa: infatti egli sa che se l'azienda o la quota aumentano di valore grazie al suo impegno e che molto probabilmente poi dovrà litigare con gli altri discendenti, che gli faranno causa per avere la loro quota di legittima. Il risultato della donazione diventa dunque paradossale, portando a disincentivare la crescita della tua impresa per la paura di liti con gli altri discendenti.

Trust

Nel trust, a differenza del Patto di Famiglia, il trasferimento non si fa subito ai beneficiari, ma a una terza persona (chiamata *trustee*) che dovrà amministrare l'azienda, o le quote, a vantaggio dei discendenti e in seguito ri-trasferirla. Come vedi, la differenza è notevole, perché con il trust attribuisci a una terza persona la gestione e il trasferimento successivo dell'azienda o partecipazione ai discendenti.

Tale amministratore (il *trustee*) è normalmente (ben) remunerato, pertanto dovrai tenere conto anche di una buona provvista di denaro che annualmente dovrà essere destinato a remunerarlo.

Inoltre, se tutto ciò può essere utile nel caso di discendenti in tenera età, purtroppo non ti ripara dal rischio di lesione della legittima che abbiamo visto poco sopra in tema di donazione. Questo significa che, se quello che hai attribuito in trust avrà, nel momento in cui si apre la tua successione, un valore tale da ledere la legittima di alcuni eredi, costoro potranno senza alcun problema agire in tribunale per la riduzione di quanto hai disposto con il trust.

Non solo ma, se ciò non bastasse, dovrai tenere conto anche di un altro "problema", comune alle donazioni, vale a dire quello della collazione di quanto attribuito. Questo significa che quanto ricevuto da alcuni dei tuoi beneficiari del trust (se coniuge o discendenti) dovrà essere considerato come facente parte del tuo patrimonio al momento dell'apertura della successione, per calcolare la quota di legittima dei legittimari.

Clausole statutarie

Può anche accadere che, leggendo lo statuto o l'atto costitutivo della tua società, tu abbia visto delle clausole che prevedono la sorte della tua partecipazione nel caso della tua successione. Comprendi bene la loro radicale differenza con il Patto di Famiglia, in quanto queste opereranno solo al momento della tua morte, senza darti la possibilità di valutare concretamente la gestione dell'impresa da parte dei tuoi discendenti e, dunque, senza potere correggere per tempo eventuali problemi.

Manca inoltre tutta la tua attività di scelta e individuazione del discendente più idoneo a gestire l'impresa, che invece è proprio il tratto caratterizzante del Patto di Famiglia.

Non solo, sappi che alcune clausole di successione non sono considerate valide dalla giurisprudenza e potrebbero essere foriere di liti in tribunale tra i tuoi eredi.

Ora, dunque, conosci perfettamente anche quello che puoi trasferire all'interno del Patto di Famiglia. Per completare la tua conoscenza ti mancano solo pochi passaggi, tra cui quello di comprendere la sua struttura pratica. La vedrai nel prossimo capitolo.

RIEPILOGO DEL CAPITOLO 3:

- SEGRETO n. 1: puoi trasferire sia la tua azienda, o parte di essa, sia le tue partecipazioni in società, o parte di esse.

- SEGRETO n. 2: puoi mantenere importanti poteri di controllo e di gestione della tua impresa.

- SEGRETO n. 3: hai la possibilità di ottenere una rendita vitalizia.

- SEGRETO n. 4: hai la possibilità di rendere reversibile il Patto di Famiglia nel caso in cui il discendente non si comporti come hai previsto.

- SEGRETO n. 5: devi evitare gli effetti collaterali di donazioni, testamento e trust.

Capitolo 4:
Come costruire il Patto di Famiglia

Le dinamiche del Patto di Famiglia

Ora che conosci i singoli attori e l'oggetto del Patto di Famiglia, è bene che inizi a pensare a come poterlo strutturare. Di seguito imparerai come avviene il Patto nella pratica e potrai efficacemente pensare a come strutturarlo per tuo conto. Iniziamo a vedere i vari ruoli.

Il disponente

Costui è l'imprenditore individuale o il titolare delle partecipazioni societarie, come hai visto nel Capitolo 2. Potresti essere tu stesso, se ti riconosci in una delle due figure.

Il disponente deve pensare al futuro della sua impresa e verificare se tra i suoi discendenti ve ne siano alcuni che abbiano potenzialmente le capacità per potere continuare la sua attività.

Saprai benissimo cosa significa prendere atto di questo, la scelta è il frutto di un tuo ragionamento interiore. Ti sarà capitato, magari a casa da solo, mentre riflettevi e pensavi al tuo futuro. Ti sarai immaginato come sarebbe stato se un tuo discendente (tuo figlio o tua figlia, per esempio) avesse continuato la tua attività e il tuo ruolo nell'azienda assieme a lui o a loro.

La scelta a volte è vincolata, perché obiettivamente solo alcuni tra i figli, per esempio, hanno manifestato la chiara intenzione di svolgere l'attività nella tua impresa, mentre altri hanno manifestato fin da subito altri interessi.

L'esempio che può venirti in mente è quello di Giulio, socio, con il fratello, di una prosperosa società di intermediazione commerciale, il quale ha due figli, ma solo uno di loro, Fabio, manifesta fin da adolescente la passione per l'attività del padre, mentre Nicoletta è fin da piccola appassionata di animali e sogna di fare la veterinaria.

A volte la scelta è più complessa, perché tutti i tuoi discendenti ti sembrano adatti e volenterosi a svolgere la tua attività, e per questo puoi pensare anche a un passaggio generazionale che coinvolga più discendenti nella tua impresa, ognuno con un ruolo specifico.

Un esempio di questo tipo è offerto dall'impresa di Marina, che ha un'avviata pasticceria nel centro storico di una città italiana. Marina ha una figlia, Paola, che a sua volta ha un figlio, Gianluca. Paola da anni collabora con la madre Marina e, sostanzialmente, è diventata colei che gestisce tutto il reparto pasticceria e il front office con i clienti.

La madre Marina, anziana, ha un ruolo di supervisione e controllo della qualità dei prodotti, che devono corrispondere a quelli tradizionali delle sue ricette. Il nipote Gianluca, invece, ha completato gli studi come operatore della panificazione e gestisce in modo proficuo un reparto separato del negozio, che è quello delle preparazioni salate: tutte le mattine offre ai clienti pane, panini, salatini, pizzette, torte salate.

La nonna Marina si trova così ben due discendenti idonei al suo passaggio generazionale. Nella sua indecisione su chi sia il più meritevole di continuare a pieno titolo la sua attività di impresa, può liberamente scegliere di garantire il passaggio generazionale a favore di entrambi, sia per la figlia sia per il nipote. Potrebbe per esempio trasferire due rami ben precisi (preparazioni dolci e preparazioni salate) a favore dell'una e dell'altro, garantendo in tal modo l'armonia e la migliore prosecuzione dell'attività.

Per sé potrebbe riservarsi un ruolo di supervisione e controllo di tutta l'attività aziendale, con un contratto di consulenza annuale con rinnovo automatico e senza alcun vincolo di orario.

Come vedi il disponente decide da solo quando è il momento di affrontare il suo passaggio generazionale. È però opportuno che capisca che non può certo improvvisarlo, ma deve prepararsi e studiarlo a fondo per quando sarà necessario.

A volte, infatti, occorre impostare una strategia pre-passaggio, che coinvolga i familiari e con la quale si inizi a impostare la base del passaggio generazionale mediante l'ingresso graduale dei discendenti in azienda, onde verificare – prima dell'attuazione concreta – se costoro risultano idonei a rivestire certi ruoli.

Il momento più opportuno

Non ci sono discussioni su questo, il momento più opportuno per pensare al passaggio generazionale dell'impresa è quando tutta la famiglia è in accordo e in armonia, quando l'impresa va bene.

Sembrerà strano, ma è proprio il momento in cui l'imprenditore è più propenso a vedere e immaginare il proprio futuro. Non devi attendere che si creino dissapori tra figli, fratelli o coniuge per pensarci. Altrimenti, piccole ripicche, silenzi, telefonate non risposte, riunioni rinviate, tutto ciò provocherà tensione e rancore, e difficilmente riuscirete a concretizzare questo progetto.

Se tu sei un discendente e hai intenzione di farti avanti, e hai voglia di metterti in gioco, parlane apertamente con il tuo genitore, o con tuo nonno, non avere paura. Sappiamo bene cosa significa vivere con questo desiderio e non avere mai il coraggio di chiedere: significa molti silenzi a cena quando si affronta anche solo da lontano la questione.

Non devi avere paura, perché ne beneficerete tutti: tu, il tuo genitore o nonno, i tuoi fratelli, tua mamma e, soprattutto, la vostra impresa. Dichiarare al proprio genitore o nonno di volere continuare la sua impresa lo farà solo felice. Gli farà capire che quello che ha fatto nella vita è qualcosa di buono, tanto che un suo discendente lo ammira e vuole portare avanti la sua impresa. Parlane con entusiasmo, perché occorre festeggiare questa futura nuova vita dell'impresa.

Come avviene: disponente, assegnatari, beneficiari

In primo luogo, la forma: il Patto di Famiglia dovrà avvenire per atto pubblico e si tratta né più né meno di un contratto. Per avere una consulenza studiata appositamente per te sull'argomento puoi prenotarla su https://pattodifamiglia.net/acquisto-consulenza

Di seguito faremo riferimento al concetto di *disponente, legittimari, discendenti,* che potrai trovare anche nel Capitolo 2 per un veloce ripasso.

A questo contratto devono partecipare, oltre all'imprenditore disponente, tutti coloro che sarebbero legittimari se in quel preciso momento si aprisse la sua successione. Si attua dunque una vera e propria finzione. Ci si immagina cioè che, proprio nel momento del contratto, venga meno il disponente e si calcolano così i diritti di tutti su quello che verrebbe lasciato, ma solo sul valore dell'azienda o delle quote del disponente.

Il disponente trasferisce a titolo di Patto di Famiglia la sua azienda (oppure solo una parte) o le sue quote di partecipazione societarie (o una loro parte) a uno o più discendenti, che sono proprio coloro che ha designato come suoi successori nella gestione dell'impresa di famiglia. Sono coloro che hanno manifestato le migliori attitudini per continuare l'attività di impresa, come visto nei capitoli precedenti.

Coloro tra i discendenti che hanno ricevuto l'azienda, o le quote, prenderanno il nome di *assegnatari* (oppure, più completo "beneficiari assegnatari"), proprio perché a loro soltanto è stata assegnata l'impresa. A questo punto occorrerà conoscere il valore dell'azienda o delle quote (o dei diritti su queste diversi dalla proprietà) che sono state trasferite. Questo valore può essere determinato come puoi leggere nel Capitolo 5.

A dire il vero, la perizia non è essenziale per stabilire questo valore, in quanto le parti potrebbero essere già tutte d'accordo sul fatto che l'azienda o le quote abbiano un valore ben preciso che tutti hanno in mente.

È importante (solo) che tutti siano d'accordo sulla determinazione di questo valore, ma è molto consigliabile, anche per evitare contestazioni successive, che ci si basi su una perizia (meglio ancora se giurata) e che questa sia allegata al contratto.

In base a questo valore, occorre liquidare coloro che sono legittimari, ma che non hanno ricevuto nulla dal disponente. Costoro prendono il nome di beneficiari (più precisamente di beneficiari non assegnatari, perché non hanno ricevuto l'azienda o delle quote, ma riceveranno solo la liquidazione).

Prima di farti alcuni esempi, è bene capire quali sono le quote a cui hanno diritto i legittimari, che dovrai calcolare solo ed esclusivamente sul valore dell'azienda o delle quote trasferite (non dunque su tutto il patrimonio del disponente).

Se il disponente ha il coniuge e un figlio: 1/3 al coniuge come quota di legittima, 1/3 al figlio come quota di legittima. Se ha il coniuge e due o più figli: 1/4 al coniuge come quota di legittima, 1/2 ai figli come quota di legittima (da dividersi in parti uguali tra loro). Se ha solo due o più figli (senza coniuge): 2/3 ai figli come quota di legittima (da dividersi in parti uguali tra loro).

Vi sono inoltre modalità apposite previste nel caso di coniuge separato (potrai leggerle all'art. 548 cc), nonché regole apposite nel caso in cui sopravvengano altri legittimari nel tempo (esempio: nasce un altro figlio del disponente dopo la stipulazione del Patto).

Tutto quanto visto ti sarà semplice capirlo con un esempio molto frequente. Immagina Antonio, socio di una SRL, appena andato in pensione. Ha una moglie, Clara, e due figli, Marco e Marcello. In famiglia solo Marcello ha il desiderio di continuare l'attività del padre in società, mentre Marco vuole dedicarsi all'insegnamento di arti marziali e aprire una sua palestra.

La moglie Clara ha un lavoro da insegnate di Lettere ed è interessata a fare contenti i figli e a garantirsi un futuro sereno assieme al marito Antonio. Decidono così di assegnare, a titolo di

Patto di Famiglia, la quota di Antonio al figlio Marcello, mentre Marco e la moglie Clara devono essere liquidati.

Bene, immagina ora che la quota societaria di Antonio, a seguito di una perizia allegata all'atto, abbia un valore di 100: come puoi vedere dallo specchietto che ti abbiamo riportato sopra, la moglie Clara avrà diritto a ¼ sul valore di 100, vale a dire 25; Marco, che è il figlio beneficiario non assegnatario, avrà diritto a metà del valore, che divide in parti uguali con il fratello (50:2 cioè 25).

Quindi, a fronte del trasferimento della quota della SRL a Marcello, del valore di 100, Clara e Marco dovranno ciascuno essere liquidati con un valore di 25. Se tutto viene eseguito in questo modo, si concretizzano tutti i vantaggi visti nel Capitolo 1 per l'imprenditore, per la sua famiglia e per la sua impresa.

Come liquidare i non assegnatari o la loro rinuncia
Una volta che hai ben capito come si struttura il Patto, ti starai chiedendo chi e come potrà dare vita alla liquidazione (che equivale a un pagamento in denaro o altro) dei non assegnatari.

Vedrai ora entrambi gli aspetti, a partire dalle modalità pratiche per potere liquidare. La prima modalità, senza alcun dubbio, è il pagamento in denaro. Questa è molto semplice e intuitiva da comprendere. Comporta che, nello stesso momento in cui si stipula il Patto, mentre agli assegnatari viene attribuita l'azienda o le partecipazioni, ai non assegnatari vengono attribuite somme di denaro, calcolate come hai appena visto. Naturalmente può accadere che non vi sia la disponibilità di denaro liquido per fare questa operazione immediatamente e per questo motivo vedrai ora una serie di modalità alternative e valide che ti permetteranno di raggiungere il tuo obiettivo.

La prima è la liquidazione con pagamento dilazionato. È pienamente valido che le parti decidano di stabilire un pagamento dilazionato nel tempo. Questo potrà essere pattuito in vari modi, sia con il pagamento dell'intera somma entro una certa data futura, sia con un pagamento dilazionato mediante rate.

Immagina per esempio il caso in cui Federico abbia ricevuto dal padre l'azienda che vale 100 ed esista un solo legittimario non assegnatario, suo fratello. In questo caso, la quota di legittima spettante al fratello è circa 33. Se Federico non ha al momento la liquidità per far fronte a tale esborso, potrà pattuire che il pagamento sia fatto entro un certo termine di anni (per esempio, entro 3 anni), oppure con un certo numero di rate mensili, per esempio in 33 mesi, versando il valore di 1 per 33 mensilità.

La seconda è la liquidazione in "natura". Questa modalità di liquidazione rappresenta una valida alternativa alla mancanza di liquidità. Con essa, in sostanza, l'assegnatario può liquidare gli altri beneficiari (non assegnatari) non con un pagamento in denaro, ma trasferendo loro la proprietà (o altri diritti) su alcuni beni.

Per avere chiaro questo concetto, osserva sempre l'esempio di Federico, visto in precedenza, che si trova a dovere liquidare il valore di 33 al fratello ma, al contempo, a non avere liquidità. Può accadere che Federico abbia la proprietà di un monolocale al mare, del valore di circa 30, e proceda a trasferire la proprietà di questo al fratello, oltre a un piccolo conguaglio in denaro del valore di 3. Come vedi, a questo punto le ipotesi che si verificano sono molteplici, e ognuna si può adattare a piacimento al tuo caso.

La terza è la liquidazione mediante vendita di beni aziendali. Può accadere che il discendente assegnatario decida di vendere alcuni beni aziendali, magari non essenziali o ridondanti, e con il ricavo netto di questa vendita possa procedere a liquidare i non assegnatari. In tal modo si garantisce la possibilità di liquidare senza gravare oltremodo sul soggetto assegnatario.

La quarta è la liquidazione mediante finanziamento garantito. Altra modalità per il discendente assegnatario è quella di chiedere un finanziamento alla banca, di importo pari a quanto serve per liquidare i non assegnatari, concedendo in garanzia i beni o le quote appena ricevuti con il Patto.

La quinta è la rinuncia alla liquidazione. Tale ipotesi è molto più frequente di quello che pensi, ed è quasi la normalità nei casi in cui tra i legittimari vi sia la madre o il padre degli assegnatari. Per capire questo concetto, ti basti pensare a un esempio molto concreto e comune.

Pensa sempre all'ipotesi in cui Franco sia socio di una SRL, sia coniugato con Margherita e abbia due figli, Bruno e Claudio. Egli vuole attribuire al figlio Bruno le quote della SRL, poiché Claudio ha altre aspirazioni, non imprenditoriali. In questo caso, Franco stipula un Patto di Famiglia in cui Bruno riceve le quote. I legittimari non assegnatari sono sia l'altro figlio Claudio sia la moglie Margherita, come hai visto poco sopra.

Margherita ha diritto a un quarto del valore delle quote trasferite, ma sa bene, in qualità di madre sia di Bruno sia di Claudio, che, se rinuncia alla sua liquidazione in denaro, agevola i figli. Accade così che nel caso di specie Margherita rinuncia alla sua liquidazione e, grazie al suo gesto, il Patto è molto più semplice da attuare.

Quanto hai letto nell'esempio è molto comune nella prassi. Accade infatti molto sovente che il coniuge rinunci alla propria liquidazione e questo suo gesto è fondamentale per la riuscita dell'accordo. Naturalmente, non solo il coniuge, ma anche l'altro figlio o chiunque sia non assegnatario può rinunciare alla sua liquidazione.

La sesta è la liquidazione mediante successivo contratto. Può accadere infatti che tu e gli altri partecipanti al Patto non siate d'accordo sul valore dell'azienda o delle quote oppure, ancora, che non siate d'accordo sulle modalità di liquidazione. Può anche accadere che alcuni non vogliano partecipare al Patto o che, dopo aver stipulato il Patto, subentrino altri legittimari (immagina il caso in cui l'imprenditore abbia un altro figlio).

In tutti questi casi non devi preoccuparti: non serve che tutti siano d'accordo fin da subito su come procedere alla liquidazione, perché la legge ti permette di pensarci più in là nel tempo, con un successivo contratto, appunto. La ragione di questo è che la legge sa benissimo che a volte non è semplice stipulare un accordo di questo tipo, ma vuole venirti incontro e permetterti di stipularlo in più passaggi, riuscendo pian piano a mettere d'accordo tutti.

Per esempio, potrai iniziare subito a trasferire l'azienda o le quote al discendente che preferisci (che diverrà assegnatario, come hai imparato). In seguito, puoi cercare di coinvolgere anche gli altri legittimari (i non assegnatari) e potrai accordarti con loro per precisare il valore del bene che hai trasferito e le modalità di liquidazione loro spettanti. Inizierai così a trasferire l'azienda e a vedere come si comporta il tuo assegnatario mentre, al contempo, potrai pensare bene a come convincere gli altri e alle modalità per liquidarli in denaro o in natura, come ora ben sai.

Chi deve liquidare i legittimari non assegnatari

Ora che hai capito come si possono liquidare i non assegnatari, ti potrai chiedere chi debba procedere a effettuare queste liquidazioni. Infatti, quando occorre decidere chi deve pagare, è sempre un problema!

Come potrai immaginare, non è sempre detto che il discendente che è beneficiario dell'azienda o delle partecipazioni sia anche in grado di liquidare i non assegnatari. Questo perché spesso è molto giovane e non ha un patrimonio sufficiente a effettuare gli esborsi, anche solo rateizzati che siano.

Vi sono così due strutture di Patto di Famiglia che potrai adottare, secondo l'opinione di molti studiosi. La prima è quella che potresti pensare come "classica", ed è detta anche a struttura "orizzontale", vale a dire quella in cui è lo stesso discendente assegnatario che liquida gli altri non assegnatari.

La seconda è detta invece a struttura "verticale" ed è quella in cui è direttamente il disponente, vale a dire l'imprenditore, che, mentre assegna a un discendente l'azienda o le quote, liquida in contemporanea gli altri. In questo modo l'imprenditore è tranquillo ed è sicuro di avere fatto qualcosa di stabile per la tutela della propria impresa, avendo letteralmente sistemato la successione di questa tra i propri discendenti.

Questa struttura è probabilmente molto appetibile per tutti quei disponenti che hanno un discreto patrimonio accumulato negli anni e intendono programmare senza intoppi il loro passaggio generazionale senza onerare i discendenti delle rispettive sistemazioni.

Vediamo subito un caso concreto di entrambi. Pensa all'esempio che hai letto nel precedente paragrafo. Immagina il papà Franco che assegna le proprie quote di SRL al figlio Bruno, in quanto l'altro figlio, Claudio, non ha intenzione di svolgere attività di impresa, mentre la moglie Margherita rinuncia alla liquidazione.

Se le parti decidono di procedere con un Patto a struttura

"orizzontale", sarà il figlio Bruno che dovrà liquidare al fratello Claudio la somma pari a un quarto del valore delle quote. Potrà accadere che Bruno non riceva subito tale somma e che, dunque, le parti si accordino per una rateizzazione negli anni o per una postergazione della liquidazione nel tempo oppure, ancora, per una liquidazione con beni in natura.

Se invece le parti decidono di dar vita a un Patto a struttura "verticale", sarà direttamente il papà Franco che nello stesso tempo assegna le quote al figlio Bruno e il valore di un quarto delle quote al figlio Claudio in denaro o in altri beni.

Come riqualificare le donazioni già fatte

Ora che hai imparato molto sulla struttura del Patto di Famiglia e su come potere procedere a sistemare il tuo passaggio generazionale potresti avere un dubbio. Questo ti capita se hai già fatto delle donazioni ai tuoi discendenti.

Potresti essere assalito da una domanda: se ho già fatto delle donazioni, come posso unire tutto quello che ho imparato in questo libro alla donazione che ho già fatto? Esiste un modo per fare rientrare anche le donazioni che ho già fatto all'interno del Patto di Famiglia? Se ti trovi in questa situazione, ci sentiamo di darti una risposta positiva.

Ebbene sì, gli studiosi ritengono ormai ampiamente possibile che, se hai fatto delle donazioni ai tuoi discendenti non assegnatari, nel Patto possiate riqualificare tali donazioni come attribuzioni fatte a titolo di liquidazione di costoro. Oppure, ancora, se hai già fatto delle donazioni di azienda o di quote a coloro che diverranno assegnatari, è possibile sciogliere la donazione con mutuo consenso e stipulare un Patto di Famiglia con quegli stessi beni. In questo modo, dunque, non dovrai preoccuparti se hai già fatto delle donazioni ai tuoi discendenti.

Come mantenere una rendita o inserire condizioni, oneri
La struttura contrattuale del Patto ti permetterà di inserire diverse clausole che ti garantiranno non solo poteri di gestione, ma anche veri e propri vantaggi economici. La pratica offre molti e variopinti esempi. Dunque occorrerà, di volta in volta, che tu ti concentri sul tuo caso concreto e sulla tua volontà per richiederli e inserirli.

In ogni caso, alcuni tra i più frequenti e richiesti sono quelli descritti di seguito.

La riserva di usufrutto

Di questa hai già letto diffusamente nei capitoli 1, 2 e 3, e dunque sei già un esperto rispetto alla media dei tuoi colleghi che non hanno letto ancora questo libro. Ricorda solo che questa clausola ti permette non solo di mantenere un potere di gestione, ma ti garantisce anche una vera e propria rendita.

Le condizioni

Una delle più richieste è che l'assegnatario liquidi i beneficiari non assegnatari. La condizione viene legata al fatto che costui non dia vita alla liquidazione degli altri e, in tal caso, il Patto di Famiglia si risolve immediatamente, per punire l'assegnatario infedele.

Immagina di avere trasferito l'azienda a un figlio a condizione che liquidi lui stesso gli altri, magari a rate, in un certo numero di mesi. Immagina poi che, dopo solo 2 mesi, costui smetta di versare i soldi agli altri, che rimangono privi di quanto pattuito. Ebbene, grazie alla condizione (in questo caso risolutiva), puoi ottenere che tutto si risolva e ritorni nella tua disponibilità. Oppure, ancora, puoi vincolare il trasferimento al fatto che, prima che avvenga, l'assegnatario versi determinate risorse agli altri non assegnatari. Per esempio, puoi condizionare il trasferimento a tuo figlio Filippo al fatto che, prima di tutto, liquidi sua mamma Elisabetta (tua moglie) con la quota di valore a essa spettante, se non vi ha rinunciato.

Altra condizione molto diffusa è quella, di cui hai già letto, in cui l'assegnatario gestisce in malo modo la tua azienda o non porta certi risultati: ecco un altro elemento che può permetterti di recuperare subito i tuoi beni risolvendo immediatamente il Patto.

Oneri ed elargizioni.
Puoi inserire nel Patto e a carico dell'assegnatario dell'azienda anche alcuni obblighi come quello di garantirti una rendita vitalizia, oppure la clausola di accudirti e mantenerti vita natural durante, pena la risoluzione del Patto. Oppure l'obbligo di garantire una rendita al tuo coniuge o di accudirlo.

Immagina infatti questa situazione: Gianpiero ha due nipoti, figli di suo figlio Roberto che, sfortunatamente, è venuto a mancare. Gianpiero ha una moglie, Sabrina, e vorrebbe lasciare la sua azienda a uno dei suoi due nipoti. Per assicurarsi però un futuro privo di preoccupazioni, vincola questo trasferimento tramite Patto di Famiglia al fatto che il nipote assegnatario non solo liquidi suo fratello, ma eroghi anche una rendita vitalizia al nonno Gianpiero e alla nonna Sabrina, finché entrambi non ci siano più.

Oppure, ancora, l'obbligo di istituire, per esempio, dei premi commemorativi e periodici a nome della vostra famiglia destinati a studenti meritevoli di una certa scuola, oppure versare certe somme a un ente di volontariato.

Infine, è ritenuta anche ammissibile la clausola con cui vieti al tuo assegnatario di vendere l'azienda, o le quote, per un certo periodo di tempo, pena il risarcimento dei danni. Insomma, come puoi vedere, hai moltissime possibilità di creare un Patto che si addica a tutti, proprio tutti i tuoi bisogni e desideri.

Ormai sei quasi un esperto del Patto di Famiglia. Ancora pochi passaggi e potrai renderti conto di avere tutte le carte in regola. Nel prossimo capitolo imparerai come si possono valutare la tua azienda o le tue quote, per potere inserire tutti i valori più corretti all'interno del tuo Patto.

RIEPILOGO DEL CAPITOLO 4:

- SEGRETO n. 1: scegli con calma e determinazione i tuoi discendenti assegnatari.

- SEGRETO n. 2: attribuite un valore all'azienda o alle quote oggetto del Patto.

- SEGRETO n. 3: pensa a chi deve liquidare i non assegnatari e a come potrebbe farlo.

- SEGRETO n. 4: garantisci per te una rendita vitalizia o poteri di gestione per l'emergenza.

- SEGRETO n. 5: prevedi meccanismi di sicurezza nel caso in cui l'assegnatario gestisca male l'impresa.

Capitolo 5:

Come calcolare il valore di un'azienda

La valutazione della tua azienda è molto importante perché deve sempre conoscere il valore delle tue proprietà. Avrai bene in mente colleghi imprenditori che sono convinti di avere aziende del valore di svariati milioni di euro, quando invece sono piene di debiti e si farebbe loro un regalo solo a rilevarle.

Ecco, la valutazione è molto importante sia per i nostri fini, ossia il Patto di Famiglia, sia per monitorare strategicamente lo sviluppo delle tue proprietà.

Solitamente si ricorre alla valutazione aziendale in questi momenti:
- passaggio generazionale;
- cessione di tutta l'azienda o di una parte di essa;
- conferimento di azienda;
- modifica della struttura economica o giuridica dell'azienda (fusione, scissione, scorporo o trasformazione);

- compravendita di quote e di pacchetti azionari;

- recesso o ingresso di un socio;

- aumento del capitale sociale;

- divisioni di eredità o matrimoniali;

- donazione;

- controllo dei valori di bilancio;

- conoscenza degli effetti di strategie e politiche di gestione adottate;

- volontà di quotazione in borsa;

- selezione delle migliori opportunità del mercato finanziario.

La complessità dell'impresa e degli elementi che la compongono ha reso indispensabile la ricerca di metodi il più precisi possibili per determinare il valore oggettivo dell'azienda. Tale valore non deve essere condizionato, ad esempio nel caso di una cessione d'attività, dall'eventuale stato di urgenza riguardo la conclusione dell'operazione e non è quindi influenzato dalla situazione in cui si trovano le parti impegnate nella contrattazione.

Gli elementi soggettivi, in sostanza, potranno certo essere presenti nella valutazione della tua azienda o delle quote, ma non potranno essere determinanti. Sarà pur vero che si tratta dell'azienda di famiglia, del lavoro di una vita o dei ricordi dell'infanzia, ma sappi che ai nostri fini dovrai usare un metodo oggettivo, non influenzato da altri.

Se pensi che esista un unico metodo, universale, ti dobbiamo subito deludere perché non esiste il metodo perfetto e la scelta di quale metodo usare dipende dalla tipologia di azienda da valutare e dal motivo della valutazione. Nel nostro caso di passaggio generazionale, per esempio, è chiaro che si dovranno adottare metodi che tengano conto della continuità aziendale futura e quindi della capacità dell'azienda di generare redditi futuri.

Ora, scendendo più nei tecnicismi, tieni presente che la determinazione del valore della tua azienda è strettamente connessa a due elementi:
- al valore del patrimonio che già c'è nell'azienda, come per esempio al valore di immobili, macchinari e beni quali i marchi e i brevetti;
- alla sua capacità di produrre reddito, cioè di generare dei flussi economici positivi per te nel corso del tempo.

Ora vedrai uno schema dei quattro metodi di valutazione che potrai adottare quanto valuti la tua azienda.

- metodo patrimoniale (semplice o complesso);
- metodo reddituale;
- metodo dei flussi finanziari;
- metodo misto.

Il metodo patrimoniale

Fatta eccezione per particolari tipologie di azienda (immobiliari di gestione o di "pura partecipazione"), nella maggior parte dei casi tale metodologia non consente di ottenere risultati tali da essere presi in considerazione senza verifiche, correttivi o comparazioni; tuttavia, la stessa costituisce spesso un fondamentale punto di partenza propedeutica a valutazioni più complesse e articolate.

La logica seguita da questo metodo è quella orientata alla valutazione analitica dei singoli elementi dell'attivo e del passivo che compongono il patrimonio aziendale, basata sul principio dell'espressione a "valori correnti" di ogni componente patrimoniale.

Nella pratica si distinguono due metodi di tipo "patrimoniale", quello "semplice" e quello "complesso", in ragione del fatto che, nel primo caso (metodo patrimoniale "semplice") non vengono valorizzati i beni immateriali (come, per esempio, il valore dei brevetti).

Il difetto dei metodi patrimoniali è costituito dal fatto che considerano il complesso aziendale come un semplice aggregato di beni, trascurando quel collegamento funzionale che invece li lega tra loro e ad altre importanti componenti (la clientela, la diffusione sul mercato dei prodotti, la preparazione tecnica e la motivazione del personale ecc.) che costituisce spesso il più importante elemento patrimoniale accumulato dall'imprenditore.

Sono oggetto di attenta analisi i crediti, al fine di verificare la svalutazione di quelli di difficile realizzo o l'attualizzazione di quelli scadenti a lungo termine. La procedura in questo caso ha il nome di "circolarizzazione" dei crediti.

Per quanto concerne le giacenze di magazzino, grande importanza assume la verifica delle procedure interne di rilevazione dei costi e delle movimentazioni, l'entità della "rotazione" delle scorte, il grado e i tempi di assorbimento delle giacenze da parte del mercato, l'eventuale valore dei prodotti obsoleti ecc., al fine di ottenere tutte le informazioni necessarie per stimarne il valore di presunto realizzo.

Per quanto concerne le immobilizzazioni materiali, si devono fare alcune distinzioni. Le immobilizzazioni tecniche (macchinari, impianti, attrezzature ecc.) sono valutate secondo il costo di riproduzione o di rimpiazzo, opportunamente rettificato in ragione dell'uso e dell'obsolescenza (anche semplicemente tecnologica).

I beni immobili (fabbricati, costruzioni leggere e terreni) sono valutati secondo i relativi prezzi di mercato, considerando però che, per esempio con riferimento ai terreni non edificabili, la valutazione deve essere operata anche in ragione delle prospettive di urbanizzazione dell'area.

Per le immobilizzazioni detenute in leasing, non iscritte nello stato patrimoniale in vigenza del contratto, almeno sino al momento dell'eventuale riscatto, colui che stima la tua azienda deve provvedere a valorizzare il bene allo stesso modo di quelli acquisiti in proprietà, decurtandone tuttavia il valore di un ammontare pari al valore attualizzato dei canoni residui e del prezzo di riscatto.

La valorizzazione delle partecipazioni sociali richiede una stima dei valori patrimoniali riferibili alle società partecipate, dal momento che trattasi semplicemente di beni di "secondo livello". Una volta stimate tutte le attività e le passività costituenti il complesso aziendale, rilevando plusvalenze e minusvalenze, nella maggior parte dei casi si debbono anche calcolare i potenziali oneri fiscali impliciti nelle plusvalenze emerse, nel senso che l'esperto dovrà tenere conto, nella valutazione delle tue plusvalenze, anche delle tasse e delle imposte che graveranno su di esse.

Il metodo reddituale

Il metodo reddituale "puro" o "sintetico", rispetto al metodo patrimoniale che hai imparato poco sopra, ha il pregio di considerare l'azienda come un complesso economico unitario, in prospettiva generatore di risultati economici, svincolandosi così da una visione disaggregata del complesso aziendale.

Esso tiene conto non solo dei beni materiali che compongono l'azienda e consentono il realizzo di risultati economici, bensì anche di quegli elementi immateriali (know-how, tecnologia, clientela e ubicazione dell'esercizio, marchi commerciali, brevetti ecc.) che contribuiscono forse ancor più concretamente al realizzo di risultati economici della tua azienda.

Pertanto questo metodo sarà per te molto indicato se la tua azienda si caratterizza per la prevalenza degli aspetti economici della gestione rispetto a quelli patrimoniali e d'investimento, come avviene, per esempio, in taluni settori del "terziario".

Il valore di capitale economico si determina quindi "attualizzando" o "capitalizzando" i redditi attesi. Cioè si procede individuando un "reddito medio prospettico", proiettando nel futuro la situazione economica aziendale "storica" e quindi tentando di rappresentare un reddito che, mediamente, la tua impresa sia in grado di produrre in futuro in modo costante per un certo periodo.

Una volta determinato il "risultato economico medio prospettico", occorre definire anche l'orizzonte temporale nel quale è ragionevole attendersi il suo realizzo. In casi particolari, quando l'azienda opera in condizioni tali da prevederne con ragionevole certezza il termine della vita economica utile (si pensi, per esempio, allo sfruttamento di beni in concessione) la durata viene assunta entro tali limiti ben precisi. Come avrai già potuto immaginare, anche il metodo reddituale, se considerato da solo, si presta nel caso di aziende pressoché prive di struttura e dotate di notevole capacità reddituale e pertanto, nella maggior parte dei casi, si deve così ipotizzare un uso sostanzialmente complementare e finalizzato al controllo e alla verifica dei risultati ottenuti con altre metodologie.

Il metodo dei flussi finanziari

Il metodo dei flussi finanziari considera l'azienda come un qualsiasi investimento e ne valuta il patrimonio attuale cercando di prevedere i flussi finanziari futuri. Il suo punto debole è che questa previsione è spesso difficile e molto approssimativa, perché le vicende future di un'azienda, come puoi immaginare, spesso non sono certo così scontate ed è per questa sua imprecisione che detto metodo è poco utilizzato.

Scelta tra metodologie patrimoniali o reddituali

Accade talvolta che il valore del capitale economico aziendale sia svincolato rispetto al suo valore meramente patrimoniale, per esempio con riferimento a quelle imprese in cui l'organizzazione, il marchio, la clientela, il know-how tecnologico ecc., costituiscono proprio i fattori determinanti dei risultati.

I settori in cui è maggiormente evidente tale fenomeno sono, evidentemente, quello commerciale o dei servizi. In tali casi, si tratta di imprese caratterizzate da limitati patrimoni investiti, ma con grandi capacità di creare margini, per questo la nostra preferenza è sempre per un metodo misto patrimoniale, che vedremo di seguito, poiché meglio di tutti può esprimere appieno i valori aziendali.

Accade così che il cosiddetto metodo misto patrimoniale/reddituale con stima autonoma dell'avviamento, pur non essendo sempre quello maggiormente indicato, risulta essere tuttavia quello storicamente più frequentemente utilizzato, almeno nella realtà professionale italiana. Con questo metodo il valore del capitale economico dell'azienda può essere determinato quale sommatoria di due elementi, vale a dire il capitale netto "rettificato" (determinato con il metodo patrimoniale) e l'avviamento, determinato a sua volta in modo autonomo (per esempio, per attualizzazione dei sovraredditi futuri).

Il metodo migliore

Devi tenere presente che non esiste un metodo di stima migliore degli altri in senso assoluto per la tua azienda o per le tue quote societarie e che occorre invece scegliere il metodo di volta in volta più adatto al tuo caso specifico.

Può accadere così che la stima della medesima azienda, operata da due periti diversi, non potrà che portare a due valori diversi, magari entrambi ragionevolmente condivisibili nella misura in cui l'impostazione metodologica sia coerente con il tuo tipo di azienda.

È proprio per questo motivo che, quando dovrai fare valutare la tua azienda o le tue quote, sarà molto importante che il professionista che avrai scelto, spieghi punto per punto le motivazioni in base alle quali ha seguito un criterio valutativo e non altri.

La tassazione del Patto di Famiglia

Devi sapere che non solo il Patto di Famiglia è uno strumento dai molti vantaggi, ma altresì conveniente dal punto di vista fiscale. La tassazione del passaggio generazionale tramite il Patto di Famiglia è stata regolata dal legislatore in maniera molto favorevole, prevedendo delle esenzioni e agevolazioni che vediamo ora nel dettaglio.

L'attribuzione dell'azienda o delle quote al cd. assegnatario.
Per quanto riguarda le imposte dirette, devi prendere coscienza di entrambe le ipotesi: quella in cui il tuo Patto abbia a oggetto un'azienda e quella in cui abbia a oggetto delle partecipazioni sociali. Nel caso in cui l'oggetto del tuo Patto sia un'azienda, considerato che il disponente realizza un trasferimento gratuito nei confronti dei discendenti cd. assegnatari, la legge prevede un regime fiscale di neutralità ai fini delle imposte dirette che persegue lo scopo di evitare che questo delicato momento della vita della vostra azienda sia assoggettato a un carico fiscale che potrebbe comprometterne la vita o l'integrità.

Dunque il trasferimento non ha di per sé alcuna imposizione fiscale diretta. Come puoi ben comprendere, significa dunque non pagare alcuna imposta per il trasferimento dell'azienda, il che è di per sé già un ottimo risultato. Attenzione però, perché si prevede altresì che, in caso di futura cessione dell'azienda o di singoli beni della stessa da parte dell'assegnatario, questi realizzerà una plusvalenza, che terrà conto anche dei valori maturati in capo al disponente.

Tanto per farti un esempio, se il tuo beneficiario assegnatario decidesse a sua volta di disporre dell'azienda che ha ricevuto, realizzerebbe, secondo la nostra legge, una plusvalenza. Insomma, vi sono grandi benefici fiscali, come hai potuto vedere, ma non certo all'infinito.

Allo stesso modo, quando il Patto di Famiglia abbia a oggetto delle partecipazioni sociali (dunque le partecipazioni in una SNC, SAS, SRL, SPA, SAPA), si osserva che il trasferimento a titolo gratuito delle partecipazioni dal disponente all'assegnatario non costituisce fattispecie imponibile, né in capo all'assegnatario, né in capo al disponente (salvo il caso, piuttosto raro, in cui le partecipazioni siano possedute dal disponente in regime di impresa).

Puoi dunque comprendere che, per quanto concerne le imposte dirette, il Patto di Famiglia è un piccolo paradiso fiscale, nel senso che non ci sono sostanzialmente imposte per il trasferimento dal disponente all'assegnatario né dell'azienda né delle quote.

Per il mantenimento dell'agevolazione in parola è però necessario che i beneficiari rispettino due importanti requisiti:

- proseguano l'esercizio dell'attività d'impresa, ovvero detengano il controllo per un periodo non inferiore a cinque anni dal trasferimento;
- rendano, contestualmente alla stipula Patto di Famiglia (dunque all'interno del contratto), una dichiarazione con la quale si impegnano a osservare le predette condizioni.

Tale agevolazione si applica esclusivamente con riferimento al trasferimento effettuato tramite il Patto di Famiglia al beneficiario cd. assegnatario e non riguarda anche l'attribuzione di somme di denaro, o di beni, eventualmente posta in essere dall'assegnatario dell'azienda o delle partecipazioni sociali in favore degli altri partecipanti al contratto. Tali ultime attribuzioni, invece, rientrano nell'ambito applicativo dell'imposta sulle successioni e sulle donazioni. Per costoro vi saranno una serie di esenzioni e franchigie, che analizzerai tra poco.

Nell'ipotesi di trasferimento di azienda o di quote sociali di una società che sia proprietaria di beni immobili ricorda infine che le formalità di trascrizione e voltura catastale relative al Patto di Famiglia nel quale sia compreso un immobile, sono esenti dalle imposte ipotecaria e catastale. Questo significa che, se vi sono immobili in azienda, non vi saranno da pagare nemmeno queste ultime imposte nel caso di trasferimento dell'azienda o delle quote al beneficiario cd. assegnatario.

La liquidazione ai discendenti non assegnatari
Per quanto riguarda invece l'imposizione fiscale in capo agli altri soggetti coinvolti nel Patto di Famiglia (cioè i legittimari non assegnatari), la liquidazione dei loro diritti mediante denaro si ritiene che non rappresenti alcun reddito tassabile. Dunque i legittimari non assegnatari, che spesso sono rappresentati dai fratelli di colui o coloro che ricevono l'azienda o le quote, non dovranno preoccuparsi del fatto che il denaro che ricevono sia un reddito tassabile.

Se nelle liquidazioni dei non assegnatari nel Patto di Famiglia si desse luogo anche al trasferimento di beni immobili o comunque di diritti reali su immobili diversi dalla proprietà (tanto per farti un esempio: la nuda proprietà, la servitù, l'abitazione, l'usufrutto), dovranno essere applicate le imposte ipotecaria e catastale con le rispettive aliquote ordinarie del 2% e dell'1%.

Dunque, come puoi vedere, si parla di imposte dall'incidenza molto ridotta, tenuto conto che queste percentuali si devono a oggi calcolare sul valore catastale dei tuoi immobili, non certo sul valore di mercato.

Sarà applicata altresì in questo ultimo caso ai fratelli e alle sorelle una franchigia di totale esenzione dalle imposte di successione e donazione, identica a quella delle successioni e donazioni. Lo stesso vale per l'esenzione dall'imposta di successione e donazione nel caso in cui vengano liquidati i nipoti (i figli dei fratelli premorti) o nel caso in cui venga liquidato il coniuge.

Ricorda infine che tutte queste franchigie di esenzione dal pagamento di imposte si devono calcolare sul valore catastale degli immobili, non sul valore di mercato. Questa osservazione è molto importante e ti garantisce, nella maggior parte dei casi, una totale esenzione da imposte, perché il valore catastale è di gran lunga inferiore, di solito, al valore di mercato.

Inoltre, per il caso in cui il valore delle liquidazioni ai non assegnatari fosse superiore al valore della franchigia (ad esempio nel caso in cui al coniuge venga liquidato un valore superiore a 1 milione di euro) ricorda che le imposte si pagano solo sull'eccedenza di questo valore, non su tutto.

Puoi vedere nel prossimo paragrafo un comodo elenco delle franchigie previste per l'imposta sulle donazioni e successioni, che si applica, come precisato, anche alle liquidazioni dei beneficiari cd. non assegnatari nel Patto di Famiglia.

I partecipanti al Patto di Famiglia non assegnatari dell'azienda né delle partecipazioni sociali possono poi rinunziare alla liquidazione in denaro o in natura loro spettante.

Come hai visto, l'esempio più comune di questa rinunzia è quello della mamma o del papà che rinunziano per fare in modo che l'azienda o le quote siano liberamente e più comodamente trasferite ai figli. Tale rinunzia è soggetta alla sola imposta di registro in misura fissa, dovuta per gli atti privi di contenuto patrimoniale.

Considerazioni sull'imposizione fiscale in futuro. La patrimoniale

Come avrai potuto comprendere, il nostro Paese ha adottato una politica di tassazione molto leggera per il Patto di Famiglia, proprio per agevolare al massimo il passaggio generazionale delle imprese.

Abbiamo terminato la scrittura di questo libro quando il lockdown per il Covid-19 in Italia si è concluso, e dunque in un momento molto difficile per la nostra economia e anche per quella mondiale.

Il nostro debito pubblico schizzerà a fine anno verso quota 160% del PIL e all'orizzonte si intravedono le nubi nere di una patrimoniale che, benché non immediata, è da mettere in conto nel medio periodo.

Vediamo di analizzare possibili scenari che si possono verificare nei prossimi mesi, basandoci sulla storia delle patrimoniali succedutesi nel nostro Paese negli ultimi 100 anni.

La Prima fu introdotta nel 1919, dal governo Nitti, per far fronte ai debiti contratti dalla Stato durante la Prima guerra mondiale e recuperare parte degli extraprofitti incassati dagli industriali durante il periodo bellico.

In seguito, nel 1936 per la Guerra di Etiopia e nel 1940 per la Seconda guerra mondiale, vennero introdotte le patrimoniali. Successivamente l'imposta straordinaria per la ricostruzione del 1947 durò fino agli anni Sessanta, quando fu trasformata nell'Invim, la tassa sull'incremento di valore degli immobili, che a sua volta durò fino al 1992.

Nel 1992 fu lo spettro del crack finanziario a spingere il governo Amato a introdurre, nottetempo, un prelievo straordinario del 6 per mille sui conti correnti e l'Isi sugli immobili. Quando l'Isi smise di essere "straordinaria" si trasformò in Ici.

Come patrimoniali vanno intese anche l'imposta di bollo sulle attività finanziarie e l'estensione dell'Ici-Imu sull'abitazione principale decise dal governo Monti nel 2012. Così come la reintroduzione dell'imposta di successione, con gli scaglioni e le franchigie che abbiamo visto in precedenza.

Costante nella storia è la tassazione sugli immobili che, per definizione, non possono "sfuggire", mentre si è avuto un certo riguardo (finora) per le imposte di successione e il passaggio generazionale.

Oggi le ipotesi che vengono sempre più ventilate per i prossimi anni (per la verità, anche prima del Covid), sono un deciso inasprimento proprio delle imposte di successione e donazione, applicabili anche al passaggio generazionale.

Questo perché dobbiamo tenere presente che il gettito di tale imposta non arriva a 800 milioni in Italia, contro i 14 miliardi della Francia e i 18 della Gran Bretagna.

Se poi pensiamo che il solo canone Rai ha un gettito che ammonta a 2 miliardi, puoi comprendere come ci sia spazio per un cospicuo aumento della tassazione in questa direzione. Vediamo ora alcune ipotesi che circolavano nei ministeri alla fine del 2019 raffrontate con la situazione odierna. Tieni conto che, quando leggi il termine "franchigia", si intende che fino a quel valore l'imposizione fiscale è nulla (una no tax area insomma).

Oggi:

- Coniuge, parenti in linea retta: imposta 4%, franchigia 1.000.000 euro per ciascun erede.

- Fratelli e sorelle: imposta 6%, franchigia euro 100.000 per ciascun erede.

- Altri parenti fino al quarto grado (fino ai cugini) affini in linea retta, affini in linea collaterale fino al terzo grado: imposta 6%, nessuna franchigia.

- Portatori di handicap ai sensi della Legge n. 104/1992: imposta del 4%, 6%, 8% a seconda del grado di parentela, franchigia euro 1.500.000 per ciascun erede.

- Altri soggetti: imposta del 8%, nessuna franchigia.

Ipotesi per il futuro (sulla base di alcune proposte di modifica della legge vigente):

- Coniuge, parenti in linea retta: imposta 7%, franchigia 500.000 euro per ciascun erede.

- Fratelli e sorelle: imposta 8%, franchigia euro 100.000 per ciascun erede.

- Altri parenti fino al quarto grado (fino ai cugini) affini in linea retta, affini in linea collaterale fino al terzo grado: imposta 10%, nessuna franchigia.

- Portatori di handicap ai sensi della Legge n. 104/1992: imposta del 4%, 6%, 8% a seconda del grado di parentela, franchigia euro 1.500.000 per ciascun erede.

- Altri soggetti: imposta del 15%, nessuna franchigia.

- Aliquote del 21% oltre i 5 milioni di euro per i parenti in linea retta.

Alla luce di quanto visto, se noi ipotizzassimo un attivo ereditario di 1.000.000 di euro e un solo erede oggi non vi sarebbe nulla da pagare per gli eredi in quanto le somme sarebbero all'interno della franchigia. Un domani invece, se si verificasse l'ipotesi di cui sopra, gli eredi avrebbero a pagare 35.000 euro.

Lo stesso vale per il caso di liquidazione dei legittimari non assegnatari all'interno del tuo Patto di Famiglia: oggi può usufruire di un regime di tassazione molto basso ed è obiettivamente un'occasione che in pochi Paesi al mondo è così vantaggiosa. Nel prossimo futuro, con tutta probabilità, vi sono seri rischi che la situazione cambi (in peggio).

Comprendi bene come sia dunque importante pianificare per tempo il tuo passaggio generazionale o quello dei tuoi cari in tempi burrascosi come questi, sia (soprattutto) per la continuità aziendale, ma anche per l'eventuale aumento futuro della tassazione di successioni e donazioni, applicabile anche alle liquidazioni del tuo Patto di Famiglia.

Ora hai decisamente tutte le carte in regola per potere affrontare il tuo passaggio generazionale o quello dei tuoi cari nel modo migliore. Conosci molto bene il Patto di Famiglia e sai cosa ti occorre per poterlo costruire. Nell'ultimo capitolo riprendiamo assieme alcuni concetti che hai imparato e scoprirai gli ultimi e fondamentali consigli.

RIEPILOGO DEL CAPITOLO 5:

- SEGRETO n. 1: non esiste un metodo in assoluto migliore di altri per valutare l'azienda o le quote.

- SEGRETO n. 2: la valutazione è importante per mettere tutti d'accordo.

- SEGRETO n. 3: il Patto di Famiglia permette di risparmiare molte tasse e imposte.

- SEGRETO n. 4: in Italia la tassazione in questo momento è agevolata.

- SEGRETO n. 5: sfrutta appieno i vantaggi fiscali finché ci sono.

Conclusione

Nell'introduzione ti abbiamo fatto una promessa, che era quella di renderti più consapevole di come potere strutturare un passaggio generazionale.

Ora tu consoci molto meglio l'argomento rispetto alla media degli altri imprenditori italiani e, usando questo parametro, sei decisamente un esperto. Non ti preoccupare se non conosci articoli, testi di legge, norme. È normale, il tuo lavoro non è certo quello di studiare libri di legge ed economia. Ora però ne sai più degli altri, in ogni caso.

Hai dunque imparato quali sono i desideri che puoi soddisfare con il Patto di Famiglia, chi lo può mettere in pratica, che cosa puoi trasferire, quali sono le differenze tra questo e altri strumenti molto diffusi quali la donazione, il trust, il testamento.

Hai imparato anche come tutelare la tua impresa nel caso di imprevisti e come mantenere un potere di gestione e una rendita vitalizia. Hai imparato come valutare la tua impresa e anche direttamente come strutturare dal vivo il tuo Patto di Famiglia.

Cosa devi fare ora

La differenza tra chi ha successo e chi spera (solo) di averlo è molto semplice: è il mettere in pratica le cose imparate. Se stai affrontando il momento del passaggio generazionale, devi superarlo adesso, con successo, e non rimanere in balìa degli eventi.

Dobbiamo farci un'ultima promessa, ora che siamo alla fine del libro: ci devi promettere che, quando avrai bisogno di strutturare il tuo, il vostro Patto di Famiglia, non ti affiderai al primo che capita in modo del tutto sprovveduto.

Ora hai tutti gli strumenti per capire dove vuoi arrivare. Rileggi bene tutti i capitoli del libro, partendo dal primo: parla con il tuo professionista e digli quali dei desideri che ti abbiamo elencato vuoi raggiungere. Vuoi essere felice? Crediamo proprio di sì, chi non vorrebbe? Lo devi essere, ora hai tutti gli strumenti.

Ci sono già di per sé molti imprevisti nella nostra vita, ma ora, almeno, una buona fetta te li sei tolti di mezzo. Quando ti rivolgerai al consulente per esprimergli quello che vuoi fare, devi iniziare a elencare i risultati che vuoi raggiungere.

Non dovrai dire che vuoi strutturare un "passaggio generazionale" così, genericamente. Né tantomeno un "Patto di Famiglia" così, senza aggiungere altro (in ogni caso, per il solo fatto che hai detto che desideri il Patto di Famiglia, sarai il primo che si presenta al consulente già preparato su questo argomento).

A questo punto valuta il tuo consulente: non ti fidare di chi sarà troppo generico nelle risposte. Questa non è una materia generica, è un insieme di regole tecniche e precise. Diffida da chi ti scoraggia a priori. Non esistono ostacoli insormontabili, vi sono sempre delle soluzioni alternative in questa materia. Chi ti scoraggia a priori, spesso non conosce molto bene quello di cui sta parlando.

A volte giungono al nostro studio, al primo appuntamento, imprenditori scoraggiati che credono che il loro problema familiare non sia risolvibile: non sai quale soddisfazione proviamo nel vederli uscire contenti di avere trovato una soluzione. Facendo così abbiamo salvato un'impresa, e soprattutto una famiglia.

Andresti mai a farti curare la vista da un cardiologo? Per carità, non che magari non possa esserne capace, ci mancherebbe. Non è però propriamente il suo lavoro. Allo stesso modo, se devi affrontare il passaggio generazionale, devi venire da professionisti specializzati in questo. Non sono molti che si dedicano a questa specifica materia, e permetterti una consulenza personalizzata potrai prenotarla su https://pattodifamiglia.net/acquisto-consulenza.

Scappa a gambe levate da chi ti dirà "tanto si è sempre fatto così", "non ci sono possibilità". Non è vero, c'è sempre la possibilità di un migliorare una prospettiva, una situazione. Magari cambiando prospettiva, punto di vista e, soprattutto, utilizzando tutte le conoscenze tecniche a disposizione del diritto. Per questo devi venire da esperti. Questo ti permetterà di raggiungere nuovi orizzonti.

Quando ci incontreremo, ti chiederemo di presentarti già con la lista dei tuoi desideri. Sono i tuoi obiettivi, i risultati che vorrai raggiungere. Questo conta per noi. Devi pretendere da noi, dal tuo consulente, che ti venga spiegato punto per punto per quale motivo alcuni desideri si possono raggiungere e altri meno.

Quando riceviamo i nostri amici imprenditori, l'analisi tecnica viene fatta assieme all'analisi degli obiettivi che ci hanno detto di volere raggiungere. Devi dare obiettivi ai tuoi consulenti. Noi pretendiamo che il nostro cliente ci dia i suoi e noi lo aiuteremo a raggiungerli. Per questo sappiamo bene quali sono i tuoi desideri, come ti abbiamo detto nel Capitolo 1.

Non ci sono soluzioni "preconfezionate". Se qualche consulente te lo dice, fuggi subito da lui, significa che non conosce la materia. Ti garantiamo un incontro in cui analizziamo i due aspetti che hai visto, quello tecnico e quello strategico, cioè quello degli obiettivi. Lavoriamo per raggiungerli con te. Sappiamo bene che a te non interessano i passaggi che sono in mezzo, a te interessa che noi raggiungiamo il tuo obiettivo. Prima ci conosceremo e ci mostrerai dove vuoi arrivare, poi noi ti faremo arrivare esattamente lì.

Tutto quello che hai letto lo potrai seguire a una delle nostre conferenze, che periodicamente teniamo in Italia, oppure potrai andare sul sito https://pattodifamiglia.net/acquisto-consulenza e prenotare la tua consulenza personale. Crediamo molto nell'utilità della tecnologia, e incontriamo i nostri amici imprenditori in tutti i modi possibili: se hai delle domande possiamo vederci sia di persona sia tramite confcall.

Sappiamo che ci intenderemo sin da subito, perché parleremo con un imprenditore che già sa molto più degli altri. E poi, non appena il nostro piano per te sarà elaborato e messo in pratica, saremo felici del tuo successo.

Al tuo successo e prosperità, sempre.